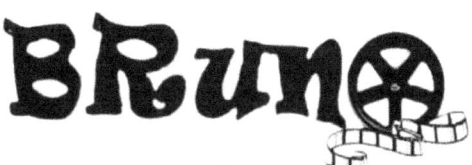

**FRASES
DE
PELÍCULAS**

Copyright © 2024 BRuno Fernando

Todos los derechos reservados.

Producciones BR1

ISBN: 9798338980132

Sello: Independently published

DEDICATORIA

Con cada página de este libro, que las memorables palabras del cine te acompañen y te inspiren como lo han hecho conmigo. Que encuentres en estas frases la magia y el poder que solo el séptimo arte puede ofrecer.

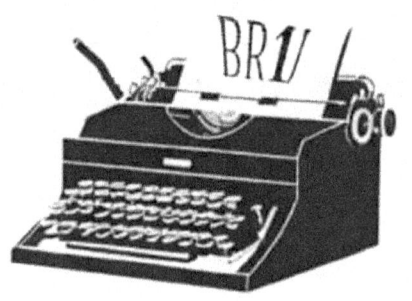

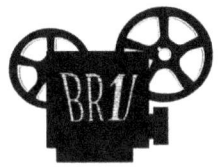

PRÓLOGO

En el vasto universo del cine, las imágenes se entrelazan con las palabras para crear experiencias que perduran más allá de la pantalla. Cada película, con sus personajes y tramas, tiene el poder de dejarnos una marca imborrable, y muchas veces, esas huellas son dejadas por frases que se convierten en ecos en nuestras vidas. "Frases de películas" es una celebración de ese fenómeno, una recopilación de las palabras que han resonado en los corazones y mentes de espectadores a lo largo y ancho del mundo.

Este libro no es simplemente una colección de citas cinematográficas; es un viaje a través del lenguaje que ha moldeado nuestra cultura y nuestras emociones. Desde los diálogos cargados de sabiduría y humor hasta las líneas que nos han hecho reflexionar sobre nuestra propia existencia, cada frase aquí seleccionada representa un momento crucial en la narrativa del cine y en la historia personal de cada uno de nosotros. En estas páginas, encontrarás no solo las frases que te han hecho reír, llorar o soñar, sino también un contexto que ofrece una mirada más profunda sobre por qué esas palabras resuenan tanto.

Al sumergirte en "Frases de películas", te invitamos a revivir esos momentos mágicos, a reflexionar sobre las ideas que han sido capturadas en diálogo y a celebrar el arte de la narrativa cinematográfica. Este libro es un tributo a la manera en que las palabras en la pantalla pueden dar forma a nuestra realidad y enriquecer nuestras vidas.

Bienvenido a un compendio de la sabiduría y el ingenio que solo el cine puede ofrecer. Esperamos que disfrutes cada frase, cada historia, y encuentres en ellas una resonancia personal que enriquezca tu amor por el séptimo arte.

CLÁSICOS

EL GRAN DICTADOR

Título original: The Great Dictator
Director: Charles Chaplin
Reparto: Charles Chaplin, Paulette Goddard, Jack Oakie, Reginald Gardiner, Henry Daniell, Billy Gilbert.
Año: 1940
País: Estados Unidos.

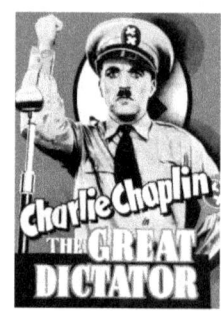

Sinopsis:
Chaplin interpreta a un barbero judío y a un dictador alemán, en esta crítica del fascismo de la II Guerra Mundial.

"Pensamos demasiado y sentimos muy poco..."

CIUDADANO KANE

Título original: Citizen Kane
Director: Orson Welles
Reparto: Orson Welles, Joseph Cotten, Everett Sloane, George Coulouris, Dorothy Comingore, Ray Collins.
Año: 1941
País: Estados Unidos.

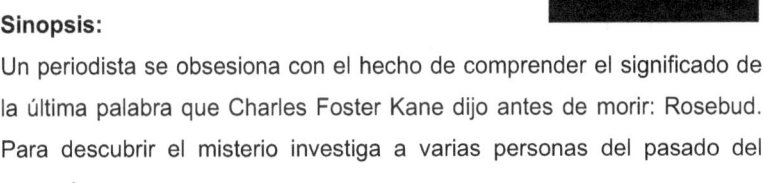

Sinopsis:
Un periodista se obsesiona con el hecho de comprender el significado de la última palabra que Charles Foster Kane dijo antes de morir: Rosebud. Para descubrir el misterio investiga a varias personas del pasado del magnate.

"Sólo hay una persona que puede decidir lo que voy a hacer, y soy yo mismo"

CASABLANCA

Director: Michael Curtiz
Reparto: Humphrey Bogart, Ingrid Bergman, Paul Henreid, Claude Rains, Conrad Veidt, Sydney Greenstreet, Peter Lorre, S. K. Sakall, Madeleine LeBeau, Dooley Wilson, Joy Page, John Qualen Leonid Kinskey, Curt Bois.
Año: 1942
País: Estados Unidos.

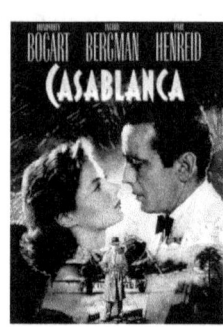

Sinopsis:
En Marruecos, el dueño (Humphrey Bogart) de un café ayuda a su ex novia (Ingrid Bergman) y a su marido (Paul Henreid) a escapar de los nazis.

"El mundo se derrumba y nosotros nos enamoramos"

LOS OLVIDADOS

Director: Luis Buñuel
Reparto: Stella Inda, Miguel Inclán, Alfonso Mejía, Roberto Cobo, Alma Delia Fuentes, Francisco Jambrina, Jesús Navarro, Efraín Arauz.
Año: 1950
País: México.
Sinopsis:

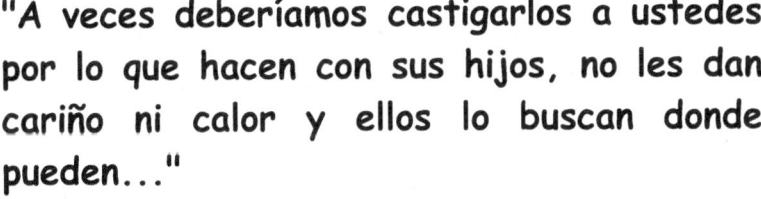

Una historia de Luis Buñuel, acerca de la pobreza y el crimen juvenil en los suburbios de la Ciudad de México.

"A veces deberíamos castigarlos a ustedes por lo que hacen con sus hijos, no les dan cariño ni calor y ellos lo buscan donde pueden..."

CANDILEJAS

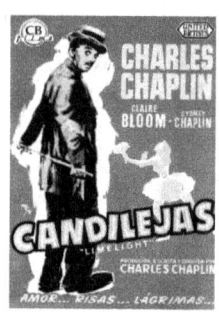

Título original: Limelight
Director: Charles Chaplin
Reparto: Charles Chaplin, Claire Bloom, Nigel Bruce, Buster Keaton, Sydney Chaplin, Geraldine Chaplin.
Año: 1952
País: Estados Unidos.
Sinopsis:
Ganadora del Oscar. Una historia semiautobriográfica de un anciano que salva a una joven bailarina del suicidio.

"Lo peor en usted es que se niega a luchar, se da por vencida, no hace más que pensar en la enfermedad y en la muerte. Pero existe algo tan inevitable como la muerte y es ¡La vida!"

EL MIL AMORES

Director: Rogelio A. González
Reparto: Pedro Infante, Rosita Quintana, Joaquín Pardavé, Liliana Durán, Anita Blanch, Fernando Luján, Emma Roldán, Conchita Gentil Arcos, Roberto G. Rivera.
Año: 1954
País: México.

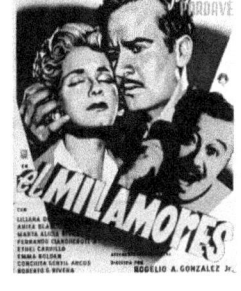

Sinopsis:
Una mujer le pide a un hombre que se haga pasar por su esposo ausente para asistir a un evento en el colegio de su hija.

"Dicen que soy mil amores nada más pa' exagerar, pues no pasan de 800 los que puedo yo contar, ya no sea tan desconfiada y déjeme demostrar, que lo que dice la gente lo dice por molestar..."

AL ESTE DEL PARAÍSO

Título original: East of Eden
Director: Elia Kazan
Reparto: James Dean, Raymond Massey, Julie Harris, Burl Ives, Richard Davalos, Jo Van Fleet, Albert Dekker.
Año: 1955
País: Estados Unidos.
Sinopsis:
Un granjero californiano tiene dos hijos, Cal y Aron, a los que saca adelante como puede. La situación de Cal se complica cuando averigua que, en realidad, su madre no sólo no está muerta, sino que además dirige un burdel local.

"Si te ilusiona hacerme un regalo, sé bueno en la vida, así me consideraré pagado."

BEN-HUR

Director: William Wyler
Reparto: Charlton Heston, Stephen Boyd, Jack Hawkins, Haya Harareet, Martha Scott, Hugh Griffith, Finlay Currie.
Año: 1959
País: Estados Unidos.
Sinopsis:
La historia de dos amigos, uno judío y el otro romano, que se convierten en enemigos durante los tiempos de Cristo.

...Casi en el momento de su muerte le oí decir, "perdónalos pues no saben lo que hacen" y su voz arrancó de mi mano la espada de mis venganzas.

PSICOSIS

Título original: Psycho
Director: Alfred Hitchcock
Reparto: Anthony Perkins, Janet Leigh, Vera Miles, John Gavin, Martin Balsam, John McIntire.
Año: 1960
País: Estados Unidos.
Sinopsis:
Después de haberle robado 40 000 dólares a su jefe, Marion Crane huye de la policía y se detiene a pasar la noche en un motel que se erige junto a una carretera perdida. El establecimiento lo regentan un joven tímido y extraño y su madre.

...La mejor amiga de un hombre, es su madre.

EL BUENO, EL MALO Y EL FEO

Título original: Il buono, il brutto, il cattivo
Director: Sergio Leone
Reparto: Clint Eastwood, Lee Van Cleef, Eli Wallach, Antonio Casale, Aldo Giuffrè, Rada Rassimov.
Año: 1966
País: Italia, España, Alemania.

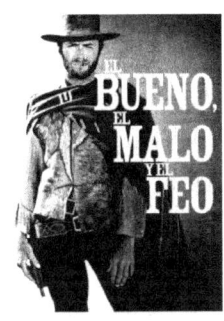

Sinopsis:
Tres hombres violentos pelean por una caja que alberga 200 000 dólares, la cual fue escondida durante la Guerra Civil. Dado que ninguno puede encontrar la tumba donde está el botín sin la ayuda de los otros dos, deben colaborar, pese a odiarse.

"El mundo se divide en dos categorías, Tuco: los que tienen el revólver cargado y los que cavan. Tú cavas."

EL PLANETA DE LOS SIMIOS

Título original: Planet of the Apes
Director: Franklin Schaffner
Reparto: Charlton Heston, Kim Hunter, Roddy McDowall, Maurice Evans, Linda Harrison.
Año: 1968
País: Estados Unidos.
Sinopsis:
Un astronauta llega a un planeta del futuro, donde los simios son muy inteligentes y dominan a los humanos.

"Tengan cuidado de la bestia humana, pues él es el instrumento del diablo. Sólo entre los primates de Dios mata por diversión, por codicia, o por avaricia. Sí, asesinará a su hermano para poseer la tierra de su hermano. No dejen que se reproduzca en grandes números pues convertirá en un desierto su hogar y el de ustedes"

HISTORIA DE AMOR

Título original: Love Story
Director: Arthur Hiller
Reparto: Ali MacGraw, Ryan O'Neal, John Marley, Ray Milland.
Año: 1970
País: Estados Unidos
Sinopsis:

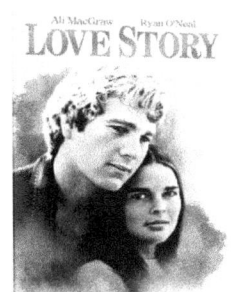

Oliver Barrett es un joven acomodado que llega a Harvard para cursar la carrera de Derecho. Allí se enamora de Jenny Cavalieri, una alegre y humilde estudiante de Música. Su amor es tan fuerte que deciden casarse inmediatamente, a pesar de la desaprobación del padre de Oliver, que deshereda a su hijo. Las dificultades financieras no impiden que la pareja sea sumamente feliz. Su historia se ve interrumpida por una enfermedad trágica.

"Amor es nunca tener que pedir perdón"

LA NARANJA MECÁNICA

Título original: A Clockwork Orange
Director: Stanley Kubrick
Reparto: Malcolm McDowell, Patrick Magee, Adrienne Corri, Miriam Karlin.
Año: 1971
País: Reino Unido, Estados Unidos.
Sinopsis:

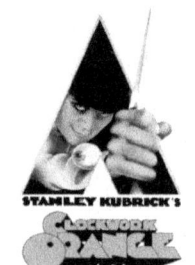

Un criminal en la Inglaterra del futuro pasa una serie de procesos experimentales para corregir sus impulsos violentos.

"La violencia crea violencia"

EL PADRINO

Título original: The Godfather
Director: Francis Ford Coppola
Reparto: Marlon Brando, Al Pacino, Robert Duvall, James Caan, Richard Castellano, Diane Keaton.
Año: 1972
País: Estados Unidos.
Sinopsis:
Una adaptación ganadora del Premio de la Academia, de la novela de Mario Puzo acerca de la familia Corleone.

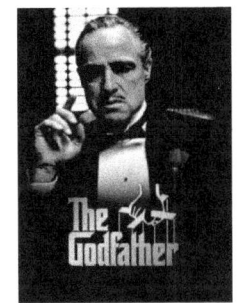

"Un hombre que no pasa tiempo con su familia nunca puede ser un hombre de verdad"

SERPICO

Director: Sidney Lumet

Reparto: Al Pacino, Cornelia Sharpe, Norman Ornellas, Jack Kehoe, John Randolph, Albert Henderson, Richard Foronjy, Barbara Eda-Young, Tony Roberts, Allan Rich, Biff McGuire, James Tolkan.

Año: 1973

País: Estados Unidos, Italia.

Sinopsis:

La historia del detective Frank Serpico, quien sacrifica su carrera al revelar la corrupción dentro de la policía de Nueva York.

...Soy policía ¿puede creerlo?

...¿Quien confiaría en un policía que no acepta dinero?

GOLPE BAJO

Título original: The Longest Yard
Director: Robert Aldrich
Reparto: Burt Reynolds, Eddie Albert, Ed Lauter, Michael Conrad.
Año: 1974
País: Estados Unidos.
Sinopsis:

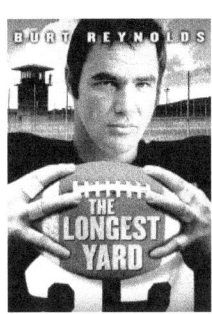

Un director obliga a una estrella del fútbol americano a organizar un partido entre los prisioneros y los guardias de una cárcel.

...Si pasas 14 años en esta carcel comenzarás a entender que sólo te queda una cosa que no pueden quitarte, ni arrebatarte. La hombría, debes cuidarla porque es lo único que tendrás cuando salgas de aquí.

EL PADRINO II

Título original: The Godfather Part II
Director: Francis Ford Coppola
Reparto: Al Pacino, Robert Duvall, Diane Keaton, Robert De Niro, Talia Shire, Morgana King, John Cazale, Mariana Hill, Lee Strasberg.
Año: 1974
País: Estados Unidos.
Sinopsis:

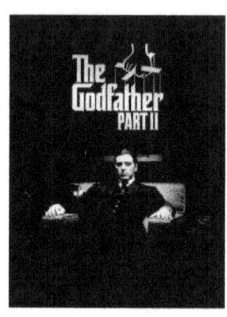

Michael Corleone lidera el imperio criminal de su padre, mientras que se recuerda el ascenso al poder del joven Vito.

...Mantén cerca a tus amigos, pero más cerca a tus enemigos.

TAXI DRIVER

Director: Martin Scorsese
Reparto: Robert De Niro, Jodie Foster, Albert Brooks, Harvey Keitel, Peter Boyle, Cybill Shepherd.
Año: 1976
País: Estados Unidos.
Sinopsis:

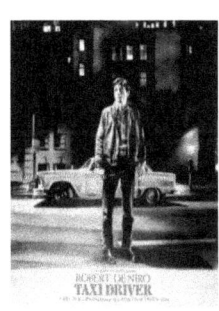

Un veterano de Vietnam inicia una confrontación violenta con los proxenetas que trabajan en las calles de Nueva York.

"La soledad me ha seguido toda mi vida. A todos lados. En las tabernas, en los autos. Por las aceras, en las tiendas. Por todos lados. No hay manera de escapar de ella. Dios me hizo un hombre solitario."

JESÚS DE NAZARETH

Título original: Jesus of Nazareth
Director: Franco Zeffirelli
Reparto: Robert Powell, Olivia Hussey, Yorgo Voyagis, Maria Carta, James Farentino, Anne Bancroft, Ian McShane, Ernest Borgnine, Anthony Quinn, Laurence Olivier, Peter Ustinov, Lorenzo Monet.
Año: 1977
País: Italia, Reino Unido.

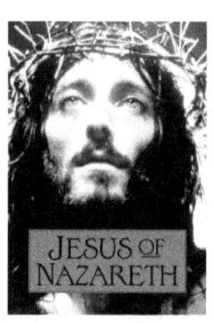

Sinopsis:
La historia de los años que Jesús estuvo en la Tierra. Su muerte y resurrección, de acuerdo a los Evangelios, contada en una miniserie.

...Sí lo negué, porque soy un cobarde, todos somos unos cobardes, acusamos a Judas de ser un traidor pero todos lo traicionamos, todos lo abandonamos, al menos nuestros hermanos en el Sanedrín que lo condenaron no lo conocían, los Romanos no lo conocían pero nosotros comimos con Él, convivimos con Él, sabíamos que era el Cristo y aún así lo traicionamos...me preguntas ¿si creo que ha resucitado? Sí lo creo, ya que sé en mi corazón que Él no nos abandonará, sé en mi corazón que Él me ha perdonado...nos ha perdonado a todos.

SUPERMAN: LA PELÍCULA

Título original: Superman
Director: Richard Donner
Reparto: Marlon Brando, Gene Hackman, Christopher Reeve, Trevor Howard, Maria Schell, Ned Beatty, Jackie Cooper, Phyllis Thaxter, Glenn Ford, Margot Kidder.
Año: 1978
País: Estados Unidos.

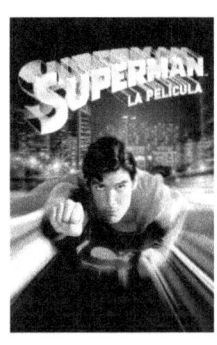

Sinopsis:
Clark Kent usa sus superpoderes, para arruinar el complot de Lex Luthor, quien intenta destruir la Costa Oeste.

"Seré tu compañero todos los días de mi vida. Harás de mi fuerza la tuya. Verás mi vida a través de tus ojos y yo la tuya a través de los míos. El hijo se convertirá en padre y el padre, en hijo. Este es mi legado, todo lo que puedo darte, Kal-El."

EL CIELO PUEDE ESPERAR

Título original: Heaven Can Wait
Directores: Warren Beatty, Buck Henry.
Reparto: Warren Beatty, Julie Christie, James Mason, Charles Grodin, Dyan Cannon, Buck Henry, Vincent Gardenia, Jack Warden.
Año: 1978
País: Estados Unidos.
Sinopsis:

Un mariscal de campo de Los Angeles Rams, retirado accidentalmente de su cuerpo por un ángel demasiado ansioso antes de morir, regresa a la vida en el cuerpo de un millonario recientemente asesinado.

...Creo que somos como un equipo de fútbol, ¿dirían que hemos estado ganando hasta ahora la temporada? De acuerdo hemos venido ganando. ¿Que se hace cuando se lleva ventaja? Yo les diré lo que se hace, no se cometen errores nada más eso, no se juega innecesariamente, se protege la ventaja.

EL CAMPEÓN

Título original: The Champ
Director: Franco Zeffirelli
Reparto: Jon Voight, Faye Dunaway, Rick Schroder.
Año: 1979
País: Estados Unidos.
Sinopsis:
Un boxeador (Jon Voight) entrena en Florida y pelea contra su ex esposa (Faye Dunaway) por la custodia de su hijo (Ricky Schroder).

...Hay diferentes formas de amar a alguien, podemos encontrar la nuestra... Por nuestro hijo.

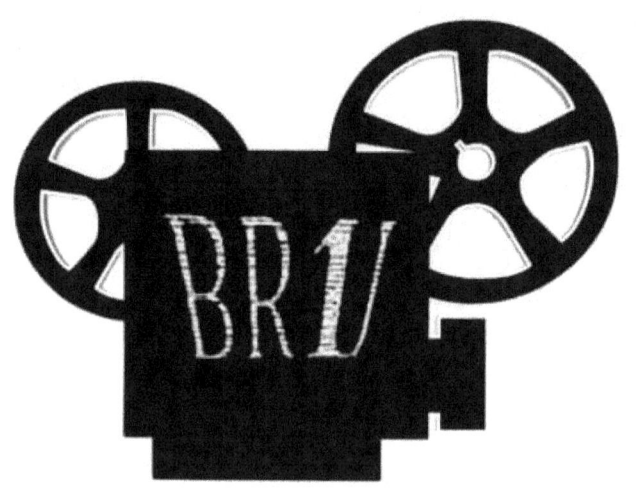

80´s

PIDE AL TIEMPO QUE VUELVA

Título original: Somewhere in Time
Director: Jeannot Szwarc
Reparto: Christopher Reeve, Jane Seymour, Christopher Plummer.
Año: 1980
País: Estados Unidos
Sinopsis:
Un escritor, enamorado de la fotografía de una actriz famosa de comienzos de siglo, viaja al pasado para conocerla.

...Sacrificó su vida en el presente para encontrar el amor en el pasado.

VAQUERO URBANO

Título original: Urban Cowboy
Director: James Bridges
Reparto: John Travolta, Debra Winger, Scott Glenn, Barry Corbin, Madolyn Smith Osborne, Betty Murphy, Bonnie Raitt, Charlie Daniels, James Gammon, James N. Harrell, Jerry Hall.
Año: 1980
País: Estados Unidos.

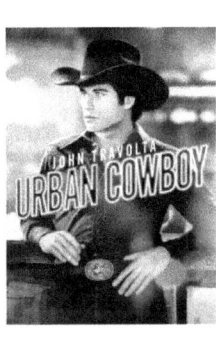

Sinopsis:
Un joven vaquero de nombre Bud Davis se traslada a Houston para buscar trabajo y comienza a frecuentar un local de música country llamado Gulleys, en el que, además de divertirse, conoce a Sissy, una muchacha bella y joven con la que se casa.

...¿Eres un vaquero de verdad?

ROCKY III

Director: Sylvester Stallone
Reparto: Sylvester Stallone, Mr. T, Talia Shire, Carl Weathers, Burt Young, Burgess Meredith, Hulk Hogan, Tony Burton.
Año: 1982
País: Estados Unidos.
Sinopsis:

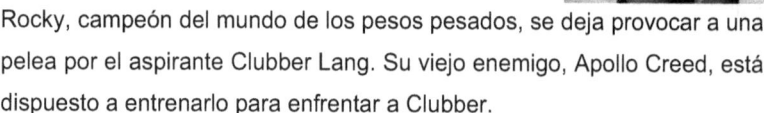

Rocky, campeón del mundo de los pesos pesados, se deja provocar a una pelea por el aspirante Clubber Lang. Su viejo enemigo, Apollo Creed, está dispuesto a entrenarlo para enfrentar a Clubber.

"Mi amigo perdiste la pelea por las peores razones, perdiste tu filo, pero lo cierto es qué no tenias hambre, cuando tú y yo peleamos, tenías ojos de tigre, tenias filo, y ahora tienes que volver, y la forma de volver es volver al principio"

BLADE RUNNER

Director: Ridley Scott
Reparto: Harrison Ford, Rutger Hauer, Sean Young, Edward James Olmos, M. Emmet Walsh, Daryl Hannah, William Sanderson, Brion James, Joe Turkel, Joanna Cassidy.
Año: 1982
País: Estados Unidos.

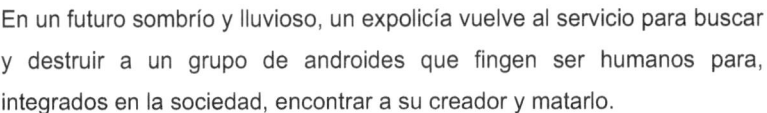

Sinopsis:
En un futuro sombrío y lluvioso, un expolicía vuelve al servicio para buscar y destruir a un grupo de androides que fingen ser humanos para, integrados en la sociedad, encontrar a su creador y matarlo.

Es duro vivir con miedo, ¿verdad? En eso consiste ser esclavo. He visto cosas que no podrías creer. Naves de ataque ardiendo más allá de Orión. He visto rayos-C brillando cerca de la Puerta de Tannhäuser. Todos esos momentos se perderán en el tiempo como lágrimas en la lluvia. Es hora de morir.

EL REY DE LA COMEDIA

Título original: The King of Comedy
Director: Martin Scorsese
Reparto: Robert De Niro, Jerry Lewis, Sandra Bernhard, Diahnne Abbott, Shelley Hack.
Año: 1982
País: Estados Unidos.
Sinopsis:
Un aspirante a cómico busca la ayuda del mejor presentador de los Estados Unidos. Sin embargo, cuando la estrella no coopera, decide secuestrarlo.

...Es mejor ser el rey por un día que un imbécil toda la vida.

LOS ESTUDIANTES SE DIVIERTEN

Título original: Zapped!
Director: Robert J. Rosenthal
Reparto: Scott Baio, Willie Aames, Felice Schachter, Heather Thomas, Robert Mandan, Greg Bradford, Scatman Crothers.
Año: 1982
País: Estados Unidos.
Sinopsis:
Un genio (Scott Baio) preparatoriano obtiene poderes mentales luego de la explosión en un laboratorio.

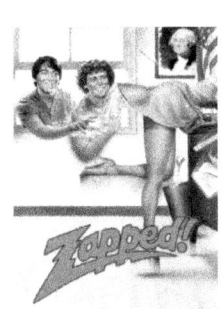

...Tengo que creer en la magia, dime cómo dos personas se encuentran en un mundo lleno de desconocidos.

SOBREVIVIENDO

Título original: Staying Alive
Director: Sylvester Stallone
Reparto: John Travolta, Cynthia Rhodes, Finola Hughes, Steve Inwood, Julie Bovasso, Charles Ward.
Año: 1983
País: Estados Unidos.
Sinopsis:

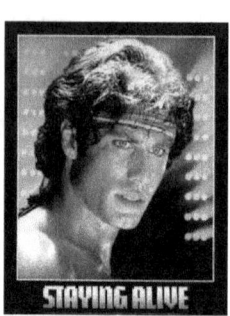

Un joven aspirante a bailarín hace un papel en una producción, a pesar de arriesgar su relación amorosa.

¿Te sientes usado? Tú me usaste a mí, todo el mundo usa a todo el mundo.

KARATE KID

Título original: The Karate Kid
Director: John G. Avildsen
Reparto: Ralph Macchio, Noriyuki "Pat" Morita, Elisabeth Shue, William Zabka, Randee Heller.
Año: 1984
País: Estados Unidos.
Sinopsis:
Daniel llega a Los Ángeles de la costa este y enfrenta la difícil tarea de hacer nuevos amigos. Sin embargo, se convierte en el blanco del acoso de los Cobras, una amenazadora pandilla de estudiantes de karate, cuando inicia una relación con Ali, la ex novia del líder de los Cobras. Daniel le pide a su conserje Miyagi, un maestro de las artes marciales, que le enseñe karate.

...El equilibrio es clave. Si equilibrio es bueno, karate es bueno. Todo bueno. Si equilibrio es malo, mejor empacar cosas e ir a casa.

...Lección no solo para karate. Lección para toda la vida.

TODOS A BAILAR

Título original: Footloose
Director: Herbert Ross
Reparto: Kevin Bacon, Lori Singer, Chris Penn, Dianne Wiest, John Lithgow, Frances Lee McCain.
Año: 1984
País: Estados Unidos.
Sinopsis:
Un joven excéntrico de Chicago se instala en un pequeño pueblo en el que el pastor de la iglesia local ha prohibido el baile. Su llegada provoca una revolución entre los jóvenes de la localidad.

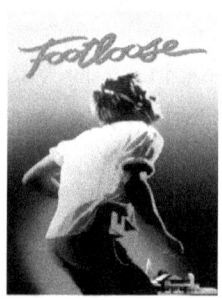

"Eclesiastés nos asegura que hay un tiempo para cada cosa bajo el cielo, un tiempo para reír y un tiempo para llorar, un tiempo para estar de luto... y hay un tiempo para bailar".
Hubo un tiempo para su ley, pero ya pasó. Este es nuestro tiempo de bailar. Esta es nuestra forma de celebrar la vida.

ÉRASE UNA VEZ EN AMÉRICA

Título original: Once Upon a Time in America
Director: Sergio Leone
Reparto: Robert De Niro, James Woods, Elizabeth McGovern, Tuesday Weld, Joe Pesci, Treat Williams, Burt Young.
Año: 1984
País: Estados Unidos, Italia.

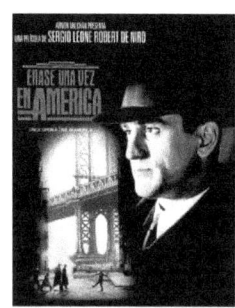

Sinopsis:
Es la épica historia de un grupo de gángsters judíos en Nueva York, a partir de su infancia, pasando por sus años de gloria durante el prohibicionismo, hasta que se vuelven a encontrar después de treinta y cinco años.

"La edad se me marchita Noodles. Los dos hemos envejecido. Nos quedan los recuerdos, nada más."

ROCKY IV

Director: Sylvester Stallone
Reparto: Sylvester Stallone, Talia Shire, Burt Young, Carl Weathers, Tony Burton, Dolph Lundgren, Brigitte Nielsen, Sylvia Meals, James Brown.
Año: 1985
País: Estados Unidos.

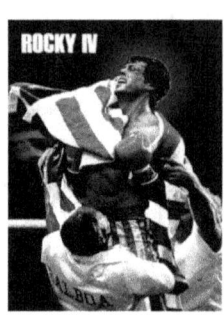

Sinopsis:
El campeón Rocky Balboa va a Siberia para enfrentarse a un colosal oponente soviético: el hombre que mató a Apollo Creed.

"Tal vez no gane, tal vez lo único que haga es aguantar todo lo necesario. Pero para ganarme tendrá que matarme y para matarme, deberá tener el corazón bien puesto y para hacer eso debe estar dispuesto a morir también"

EL KID CELESTIAL

Título original: The Heavenly Kid
Director: Cary Medoway
Reparto: Lewis Smith, Jane Kaczmarek, Jason Gedrick, Richard Mulligan, Nancy Valen, Anne Sawyer, Mark Metcalf, Stephen Gregory.
Año: 1985
País: Estados Unidos.
Sipnosis:

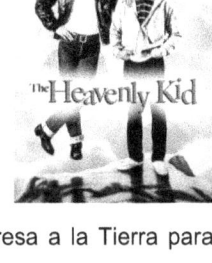

Un hombre que murió en un accidente de auto regresa a la Tierra para ayudar a un adolescente a recuperar su amor propio.

...No te preocupes, estoy cubierto.

TOP GUN: PASIÓN Y GLORIA

Título original: Top Gun
Director: Tony Scott
Reparto: Tom Cruise, Kelly McGillis, Val Kilmer, Anthony Edwards, Tom Skerritt.
Año: 1986
País: Estados Unidos.
Sinopsis:
El joven piloto Maverick Mitchell acude a una prestigiosa escuela aérea, famosa por formar a los mejores pilotos de combate del país. Maverick se siente atraído por su hermosa instructora, mientras desarrolla una intensa rivalidad con otro piloto.

"Ser el mejor de los mejores significa cometer errores y continuar"

PELOTÓN

Título original: Platoon
Director: Oliver Stone
Reparto: Willem Dafoe, Charlie Sheen, Tom Berenger, Keith David, Forest Whitaker, Francesco Quinn.
Año: 1986
País: Estados Unidos.
Sinopsis:

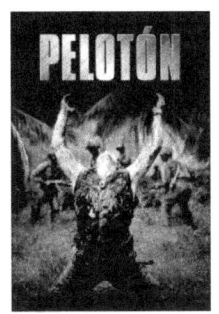

Las experiencias personales de O. Stone inspiraron esta historia sobre un joven soldado en la frontera de Camboya.

Ahora pienso al mirar al pasado, que no luchábamos contra el enemigo. Luchábamos contra nosotros mismos y el enemigo estaba en nosotros...
Pero como quiera que sea, aquellos de nosotros que sobrevivimos, tenemos la obligación de edificar nuevamente, de enseñar a los demás lo que sabemos y tratar con lo que queda de nuestra existencia de encontrar una virtud y un significado a esta vida.

KARATE KID 2

Título original: The Karate Kid Part II
Director: John G. Avildsen
Reparto: Ralph Macchio, Noriyuki "Pat" Morita, Yuji Okumoto, Danny Kamekona, Tamlyn Tomita.
Año: 1986
País: Estados Unidos.
Sinopsis:

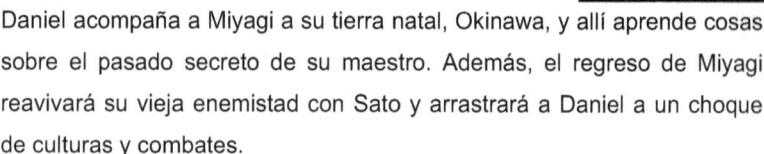

Daniel acompaña a Miyagi a su tierra natal, Okinawa, y allí aprende cosas sobre el pasado secreto de su maestro. Además, el regreso de Miyagi reavivará su vieja enemistad con Sato y arrastrará a Daniel a un choque de culturas y combates.

"Para una persona sin bondad en el corazón vivir es peor castigo que morir"

ENCRUCIJADA

Título original: Crossroads
Director: Walter Hill
Reparto: Ralph Macchio, Joe Seneca, Jami Gertz, Joe Morton.
Año: 1986
País: Estados Unidos.
Sinopsis:
Un guitarrista se une en la búsqueda de una grabación de música blues y ayuda con problemas que surgen en el camino.

"El blues no es más que el sufrimiento de un hombre que piensa en la mujer con la que una vez vivió"

LOS INTOCABLES

Título original: The Untouchables
Director: Brian De Palma
Reparto: Kevin Costner, Sean Connery, Charles Martin Smith, Robert De Niro, Andy García.
Año: 1987
País: Estados Unidos.
Sinopsis:
El agente federal Eliot Ness organiza un grupo especial para enfrentar a Al Capone, el rey del crimen organizado de Chicago.

¿Quieres capturar a Capone? Te saca un cuchillo, tú le sacas un revólver. Te manda uno de los tuyos al hospital, tú le mandas uno de los suyos a la morgue. Ese es el estilo de Chicago.

CINEMA PARADISO

Título original: Nuovo Cinema Paradiso
Director: Giuseppe Tornatore
Reparto: Philippe Noiret, Salvatore Cascio, Marco Leonardi, Antonella Attili, Jacques Perrin, Agnese Nano, Brigitte Fosey.
Año: 1988
País: Italia.
Sinopsis:

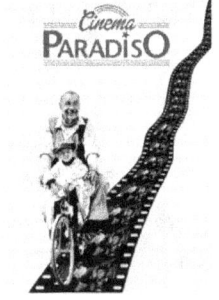

Salvatore es un niño de un pueblo italiano, donde el único pasatiempo es ir al cine y Salvatore crece creyendo que el cine es magia.

Busca algo que te guste, y hagas lo que hagas, ámalo; como amabas la cabina del Cinema Paradiso cuando eras niño.

LA BELLA Y EL CAMPEÓN

Título original: Bull Durham
Director: Ron Shelton
Reparto: Kevin Costner, Susan Sarandon, Tim Robbins, Trey Wilson, Robert Wuhl, William O'Leary, David Neidorf, Samuel Veraldi, Stephen Ware.
Año: 1988
País: Estados Unidos.
Sinopsis:
Una fanática del béisbol se ve atraída por un insolente lanzador y un veterano receptor en las ligas menores.

"Este es un juego muy simple. Lanzas la pelota, atrapas la pelota y golpeas la pelota. A veces ganas, a veces pierdes, a veces llueve"

KARATE KID 3

Título original: The Karate Kid Part III
Director: John G. Avildsen
Reparto: Ralph Macchio, Noriyuki "Pat" Morita, Robyn Lively, Sean Kanan, Randee Heller, Thomas Ian Griffith, Martin Kove.
Año: 1989
País: Estados Unidos.

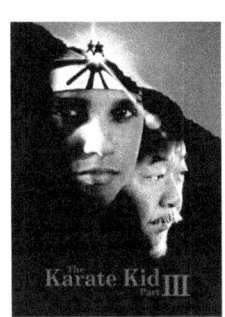

Sinopsis:
Un malvado instructor emplea sucias técnicas en la competencia, en venganza de un estudiante de karate que lo venció.

"Está bien perder con el oponente, pero no con el miedo"

LA SOCIEDAD DE LOS POETAS MUERTOS

Título original: Dead Poets Society
Director: Peter Weir
Reparto: Robin Williams, Ethan Hawke, Robert Sean Leonard, Josh Charles.
Año: 1989
País: Estados Unidos.
Sinopsis:
Un maestro en un colegio privado emplea métodos poco convencionales para inspirar las vidas de sus estudiantes.

…No leemos y escribimos porque sea tierno, escribimos y leemos poesía porque somos miembros de la humanidad, y la humanidad rebosa pasión, la medicina, leyes, administración, ingenierías son muy nobles y necesarias para sostener la vida, pero la poesía, belleza, romance, amor, es por eso que vivimos.

PECADOS DE GUERRA

Título original: Casualties of War
Director: Brian De Palma
Reparto: Michael J. Fox, Sean Penn, Thuy Thu Le, Don Harvey, John, Leguizamo, John C. Reilly.
Año: 1989
País: Estados Unidos.
Sinopsis:

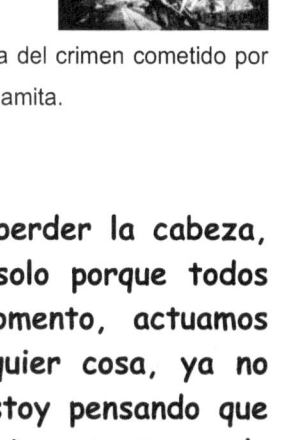

Un soldado no soporta el remordimiento y habla del crimen cometido por sus compañeros y su jefe contra una mujer vietnamita.

Está guerra nos está haciendo perder la cabeza, vamos caminando hacia atrás, solo porque todos podemos morir en cualquier momento, actuamos como si pudiéramos hacer cualquier cosa, ya no importa lo que hagamos pero estoy pensando que talvez sea lo contrario, talvez lo importante sea lo opuesto porque podríamos morir en el próximo segundo, entonces debemos tener cuidado con lo que hagamos porque talvez importa más de lo que creemos.

EL CAMPO DE LOS SUEÑOS

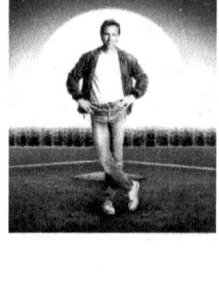

Título original: Field of Dreams
Director: Phil Alden Robinson
Reparto: Kevin Costner, Amy Madigan, James Earl Jones, Ray Liotta, Burt Lancaster.
Año: 1989
País: Estados Unidos.
Sinopsis:
Un granjero escucha una voz omnipresente que le dice "si lo construyes, él vendrá" y le sugiere, así, construir un estadio de béisbol en su campo de maíz mientras está trabajando. El hombre no lo duda y pone manos a la obra.

...Lo único constante a través de los años ha sido el béisbol. Estados unidos ha soportado una fuerza arrolladora, ha sido borrado como un pizarrón, reconstruido y borrado otra vez. Pero el béisbol resistió el tiempo. Este campo, este juego es parte de nuestro pasado, nos recuerda todo lo que una vez fue bueno. Y podría serlo otra vez.

90´s

VOLVER AL FUTURO III

Título original: Back to the Future Part III
Director: Robert Zemeckis
Reparto: Michael J. Fox, Christopher Lloyd, Mary Steenburgen, Thomas F. Wilson, Lea Thompson.
Año: 1990
País: Estados Unidos.
Sinopsis:

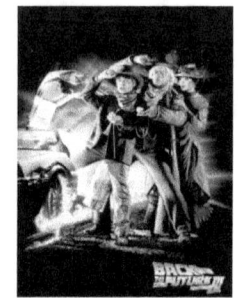

Marty McFly sigue en 1955 y Doc ha retrocedido al año 1885, la época del salvaje oeste. Marty recibe una carta de Doc en la que le informa de que la máquina del tiempo está averiada y no puede volver al presente, pero que no le importa seguir en el pasado. Sin embargo, Marty descubre una tumba en la que lee que Doc murió en 1885 y decide ir a rescatar a su amigo.

...**Tu futuro todavía no ha sido escrito, ni el de ninguno. Tu futuro es el que tú te formes, así es que háganse uno bueno para los dos.**

EL JOVEN MANOS DE TIJERAS

Título original: Edward Scissorhands
Director: Tim Burton
Reparto: Johnny Depp, Winona Ryder, Dianne Wiest
Alan Arkin, Anthony Michael Hall, Vincent Price.
Año: 1990
País: Estados Unidos.

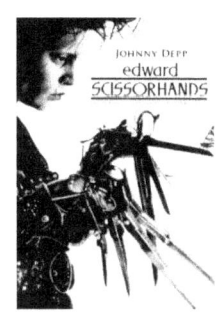

Sinopsis:
La creación incompleta de un inventor fallecido se convierte instantáneamente en una celebridad cuando una mujer alegre lo lleva a su casa.

Nunca permitas que nadie te diga que tienes un impedimento físico.

COLMILLO BLANCO

Título original: White Fang
Director: Randal Kleiser
Reparto: Ethan Hawke, Klaus Maria Brandauer, James Remar, Pius Savage, Aaron Hotch, James Remar, Bill Moseley, Clint Youngreen, Susan Hogan.
Año: 1991
País: Estados Unidos.
Sinopsis:
A finales del siglo XIX, el joven Jack Conroy llega a Alaska en plena fiebre del oro, dispuesto a reclamar la herencia de su difunto padre. Allí entablará una estrecha relación con Colmillo Blanco, un cruce de lobo y perro.

...No puedes llevarlo contigo, sería muy desdichado en la ciudad, él debe ser libre, esa es su magia.

EL DOCTOR HOLLYWOOD

Título original: Doc Hollywood
Director: Michael Caton-Jones
Reparto: Michael J. Fox, Julie Warner, Woody Harrelson, Bridget Fonda, David Ogden Stiers, Frances Sternhagen.
Año: 1991
País: Estados Unidos.
Sinopsis:

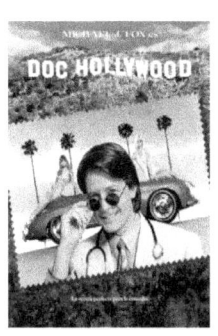

Un cirujano plástico principiante queda atrapado en un pequeño pueblo de Carolina del Sur y se enamora de una lugareña.

"No es el lugar es la persona, ten cuidado con lo que deseas, tal vez lo consigas"

UN MUNDO PERFECTO

Título original: A Perfect World
Director: Clint Eastwood
Reparto: Kevin Costner, Clint Eastwood, T.J. Lowther, Laura Dern, Keith Szarabajka.
Año: 1993
País: Estados Unidos.

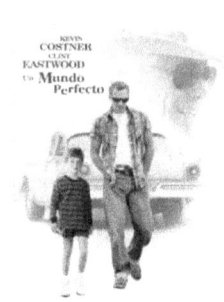

Sinopsis:
Una relación de padre e hijo se desarrolla entre un niño de 7 años y el prófugo de la justicia que lo secuestró.

Sé como eres. Eres un buen hombre. No... pero tampoco soy el peor, solo soy diferente.

¡VIVEN!

Título original: Alive
Director: Frank Marshall
Reparto: Ethan Hawke, Vincent Spano, Josh Hamilton, John Haymes Newton, Illeana Douglas, Josh Lucas.
Año: 1993
País: Estados Unidos.

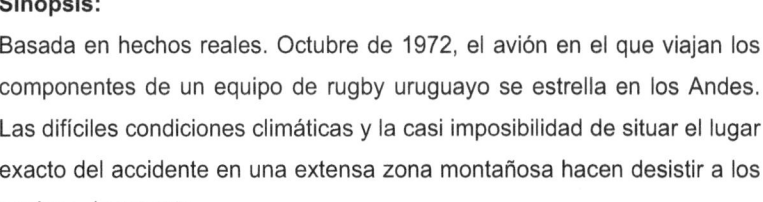

Sinopsis:
Basada en hechos reales. Octubre de 1972, el avión en el que viajan los componentes de un equipo de rugby uruguayo se estrella en los Andes. Las difíciles condiciones climáticas y la casi imposibilidad de situar el lugar exacto del accidente en una extensa zona montañosa hacen desistir a los equipos de rescate.

¿Sabes lo que significa que hayamos podido vivir hasta ahora? 70 días y subir esta montaña ¿Sabes lo que es eso? Es imposible, es imposible y lo hicimos. Me enorgullece estar en un día así, vivo, vivir todo esto, y ver este lugar, observarlo, te quiero, esto es magnífico, es Dios.

NUESTRA PANDILLA

Título original: The Sandlot
Director: David Mickey Evans
Reparto: Tom Guiry, Mike Vitar, Patrick Renna, Chauncey Leopardi, Marty York, Brandon Quintin Adams, Grant Gelt, Shane Obedzinski, Victor DiMattio, Denis Leary, Karen Allen, James Earl Jones.
Año: 1993
País: Estados Unidos.
Sinopsis:
El mejor jugador de béisbol de la vecindad ayuda a un chico recién llegado al lugar que tiene muchos problemas con la pelota.

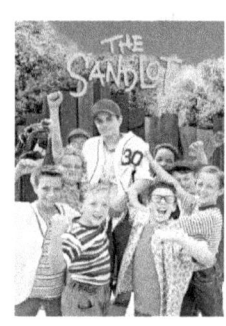

...Recuerda niño, hay héroes y leyendas. Los héroes son recordados, pero las leyendas nunca mueren, sigue a tu corazón, niño, y nunca te equivocarás.

RUDY

Director: David Anspaugh
Reparto: Sean Astin, Jon Favreau, Ned Beatty, Charles S. Dutton, Lili Taylor, Jason Miller, Robert Prosky, Vince Vaughn.
Año: 1993
País: Estados Unidos.
Sinopsis:

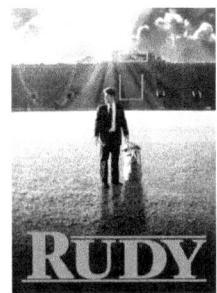

El sueño de Rudy es jugar al fútbol en la Universidad de Notre Dame, pero no tiene ni el dinero para la matrícula ni las calificaciones para merecer una beca. Rudy supera todos los obstáculos para conseguir su sueño y abrirse camino en el legendario equipo de fútbol.

"En esta vida no tienes que probar nada a nadie, excepto a ti"

EL REY LEÓN

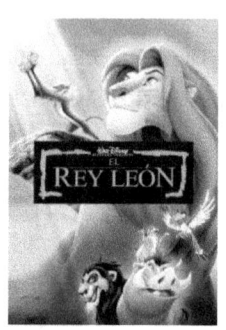

Título original: The Lion King
Directores: Rob Minkoff, Roger Allers
Reparto: Matthew Broderick, James Earl Jones, Jeremy Irons, Jonathan Taylor Thomas, Moira Kelly, Nathan Lane, Ernie Sabella, Rowan Atkinson, Robert Guillaume, Madge Sinclair, Whoopi Goldberg.
Año: 1994
País: Estados Unidos.
Sinopsis:
El joven Simba, hijo del rey Mufasa, debe luchar contra su malvado tío Scar para ocupar el trono que dejó su padre asesinado.

"El pasado puede doler, pero, tal como yo lo veo, puedes huir de él o aprender"

FORREST GUMP

Director: Robert Zemeckis
Reparto: Tom Hanks, Robin Wright, Gary Sinise, Mykelti Williamson, Sally Field, Michael Conner Humphreys.
Año: 1994
País: Estados Unidos.
Sinopsis:

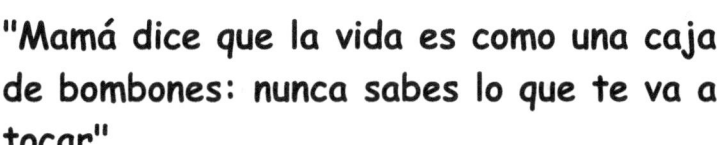

Forrest Gump, un joven sureño, tenaz e inocente, es protagonista de acontecimientos cruciales en la historia de los Estados Unidos.

"Mamá dice que la vida es como una caja de bombones: nunca sabes lo que te va a tocar"

SUEÑOS DE FUGA

Título original: The Shawshank Redemption
Director: Frank Darabont
Reparto: Tim Robbins, Morgan Freeman, Bob Gunton, William Sadler, Clancy Brown, Gil Bellows, Mark Rolston, James Whitmore.
Año: 1994
País: Estados Unidos.

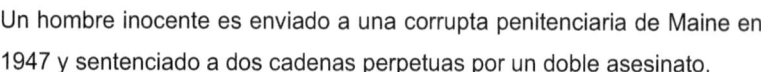

Sinopsis:
Un hombre inocente es enviado a una corrupta penitenciaria de Maine en 1947 y sentenciado a dos cadenas perpetuas por un doble asesinato.

"La esperanza es algo bueno, quizás sea lo mejor. Y lo bueno nunca muere"

EL CUERVO

Título original: The Crow
Director: Alex Proyas
Reparto: Brandon Lee, Ernie Hudson, Rochelle Davis, Michael Wincott, Bai Ling.
Año: 1994
País: Estados Unidos.
Sinopsis:
Un cantante de rock es asesinado, y regresa de la muerte para vengarse de los hombres que lo atacaron a él y a su novia.

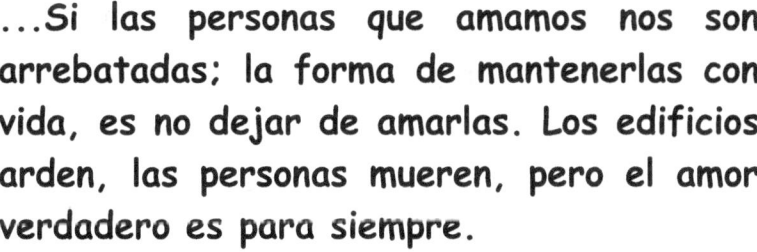

...Si las personas que amamos nos son arrebatadas; la forma de mantenerlas con vida, es no dejar de amarlas. Los edificios arden, las personas mueren, pero el amor verdadero es para siempre.

CASINO

Director: Martin Scorsese
Reparto: Robert De Niro, Joe Pesci, Sharon Stone, Don Rickles, Kevin Pollak, James Woods.
Año: 1995
País: Estados Unidos, Francia.
Sinopsis:
En Las Vegas, en 1973, Sam Rothstein es un profesional de las apuestas y director de un 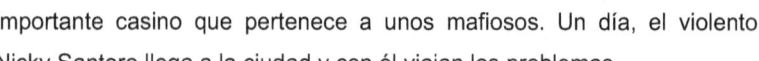 importante casino que pertenece a unos mafiosos. Un día, el violento Nicky Santoro llega a la ciudad y con él viajan los problemas.

"Hay tres maneras de hacer las cosas: la correcta, la incorrecta y la mía."

CORAZÓN VALIENTE

Título original: Braveheart
Director: Mel Gibson
Reparto: Mel Gibson, Sophie Marceau, Ian Bannen, Brendan Gleeson, Patrick McGoohan, Catherine McCormack, James Cosmo, Tommy Flanagan.
Año: 1995
País: Estados Unidos.
Sinopsis:

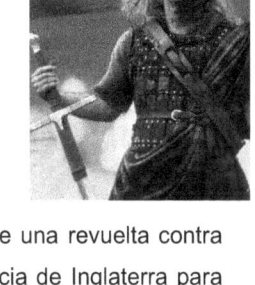

William Wallace, un indómito rebelde escocés, dirige una revuelta contra los ingleses con el objetivo de independizar a Escocia de Inglaterra para librar a su pueblo de la tiranía del monarca Eduardo I.

"Pueden quitarnos la vida, pero nunca podrán quitarnos nuestra libertad"

MENTE INDOMABLE

Título original: Good Will Hunting
Director: Gus Van Sant
Reparto: Matt Damon, Robin Williams, Ben Affleck, Stellan Skarsgård, Minnie Driver.
Año: 1997
País: Estados Unidos.
Sinopsis:

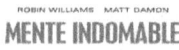
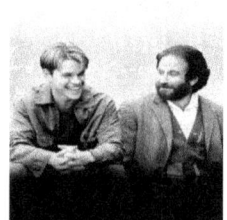

Un joven, tras descubrir su talento con las matemáticas, deberá decidir si seguir con su vida de siempre o aprovechar sus grandes cualidades intelectuales en alguna universidad.

...Tendrás malos momentos, pero te harán despertar a las cosas buenas, a las que no les prestabas atención.

HISTORIA AMERICANA X

Título original: American History X
Director: Tony Kaye
Reparto: Edward Norton, Edward Furlong, Beverly D'Angelo, Jennifer Lien, Ethan Suplee, Fairuza Balk, Avery Brooks, Elliott Gould, Stacy Keach, Tara Blanchard.
Año: 1998
País: Estados Unidos.
Sinopsis:
Tras ser liberado de la cárcel, un antiguo neonazi trata de evitar que su hermano menor siga sus pasos en la senda del odio.

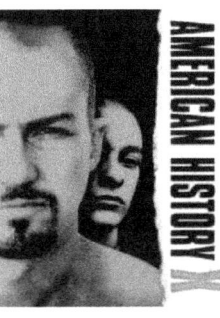

...El odio es una carga, la vida es muy corta para estar enojado todo el tiempo, no lo merece.

PATCH ADAMS

Director: Tom Shadyac
Reparto: Robin Williams, Monica Potter, Philip Seymour Hoffman, Bob Gunton, Daniel London, Peter Coyote.
Año: 1998
País: Estados Unidos.

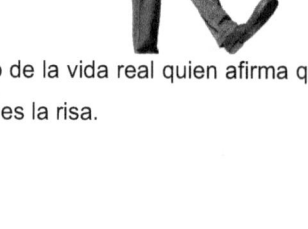

Sinopsis:
Basada en las experiencias de un médico de la vida real quien afirma que la mejor medicina para las enfermedades es la risa.

La muerte no es un enemigo, señores. si vamos a luchar contra alguna enfermedad hagámoslo contra la peor de todas: la indiferencia.

LA DELGADA LÍNEA ROJA

Título original: The Thin Red Line
Director: Terrence Malick
Reparto: Jim Caviezel, Sean Penn, Adrien Brody, Ben Chaplin, George Clooney, John Cusack, Woody Harrelson, Elias Koteas, Jared Leto, Dash Mihok, John Travolta.
Año: 1998
País: Estados Unidos.
Sinopsis:
Un grupo de soldados contempla de cerca los horrores de la guerra en la batalla de Guadalcanal y luchan por su supervivencia.

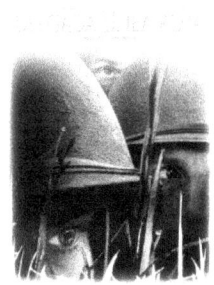

"No hay nada que te haga olvidarla, aunque vuelvas a empezar de cero, la guerra no ennoblece a los hombres, los convierte en bestias. Corrompe su espíritu."

EL PRECIO DE LA LIBERTAD

Título original: Row Your Boat
Director: Sollace Mitchell
Reparto: Jon Bon Jovi, Bai Ling, William Forsythe.
Año: 1998
País: Estados Unidos.
Sinopsis:
Un ex convicto se mete en líos con mafiosos y con su hermano caprichoso por ayudar a una inmigrante china y a su bebé.

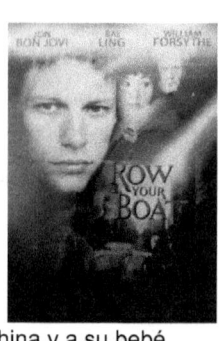

Tienes que defenderte, a veces tienes que respetarte a ti mismo, a ellos no les importa como te tratan, la gente juzga dependiendo de a quien crecen mejor, todo se reduce a eso: a quien le va mejor. Si no tienes dinero, no existes. Te miran y no te ven. Luego empiezas a creértelo y al final no queda nada ahí. Y entonces no tienes nada realmente.

EL GIGANTE DE HIERRO

Título original: Iron Giant
Director: Brad Bird
Reparto: Vin Diesel, Eli Marienthal, Harry Connick, Jr., Jennifer Aniston, Christopher McDonald.
Año: 1999
País: Estados Unidos.
Sinopsis:
Un malévolo agente gubernamental amenaza con destruir la amistad entre un chico y un robot alienígena gigante en Maine en 1957.

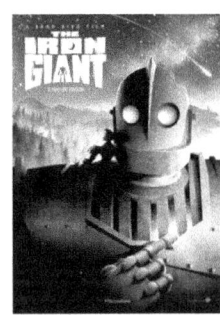

Estás hecho de metal pero tienes sentimientos y piensas muchas cosas, significa que tienes alma y las almas no mueren, mamá dice que hay algo dentro de todas las cosas buenas y que es algo que perdura por siempre.

POR AMOR AL JUEGO

Título original: For Love of the Game
Director: Sam Raimi
Reparto: Kevin Costner, Kelly Preston, John C. Reilly, Jena Malone, Brian Cox.
Año: 1999
País: Estados Unidos.
Sinopsis:
Las sinuosidades del camino personal y profesional de un beisbolista hacen que recuerde importantes eventos en su vida mientras intenta lanzar un juego perfecto.

...Jane aún pienso que uno debe dar todo lo que posee, no importa si se gana o se pierde, siempre y cuando uno arriesgue todo lo que tiene. Yo lo he hecho, lo hice en mi vida, lo hice en el juego, pero contigo jamás lo hice y lo siento... Jane cuando dijiste que no te quería, anoche debió ser la mejor noche de mi vida pero no, y todo porque tú no estabas ahí. Así que, quería decirte no que cambies de opinión o pedirte que te quedes, sólo que sepas que te necesito.

2000´s

NÁUFRAGO

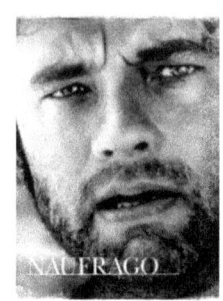

Título original: Cast Away
Director: Robert Zemeckis
Reparto: Tom Hanks, Helen Hunt, Nick Searcy
Año: 2000
País: Estados Unidos.
Sinopsis:
Tras un accidente aéreo, Chuck Noland, ingeniero de Federal Express, intenta sobrevivir durante años en una isla completamente desierta.

"Y ahora sé lo que debo hacer, seguir respirando, porque mañana volverá a amanecer y quien sabe que traerá la marea."

MALÉNA

Director: Giuseppe Tornatore
Reparto: Monica Bellucci, Giuseppe Sulfaro, elisa morucci, Luciano Federico, Matilde Piana, Pietro Notarianni, Franco Catalano, Pippo Provvidenti.
Año: 2000
País: Italia, Estados Unidos.
Sinopsis:
En Sicilia en la II Guerra Mundial, un adolescente sueña con una belleza local, mientras su esposo lucha en África.

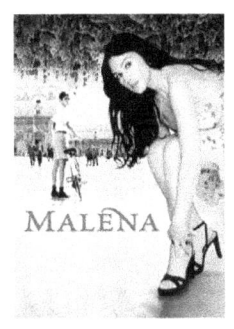

Señora Malena alguien que sabía más que yo escribió que el amor verdadero es el no correspondido. Ahora entiendo por qué. Hace mucho que no la veo salir de su casa. Pero mi amor es más grande cuanta más distancia.

GLADIADOR

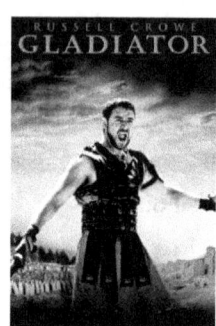

Título original: Gladiator
Director: Ridley Scott
Reparto: Russell Crowe, Joaquín Phoenix, Connie Nielsen, Richard Harris, Oliver Reed, Spencer Treat Clark, Tommy Flanagan, Djimon Hounsou, Giannina Facio.
Año: 2000
País: Reino Unido, Estados Unidos.
Sinopsis:
Máximo, general romano, desea volver a casa, pero el emperador Marco Aurelio quiere que herede el imperio. Esto hace que Cómodo ordene matar a su familia. Máximo escapa de la muerte y regresa a Roma como gladiador para vengar la muerte de su familia.

"Lo que hacemos en la vida resuena en la eternidad"

HARRY POTTER Y LA CÁMARA SECRETA

Título original: Harry Potter and the Chamber of Secrets
Director: Chris Columbus
Reparto: Daniel Radcliffe, Rupert Grint, Emma Watson, Toby Jones, Kenneth Branagh.
Año: 2002
País: Reino unido, Estados Unidos.
Sinopsis:

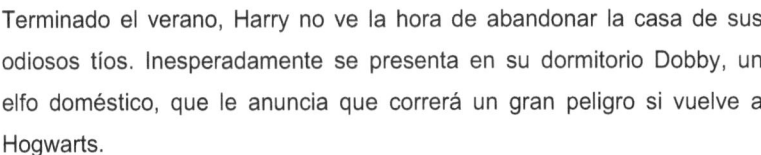

Terminado el verano, Harry no ve la hora de abandonar la casa de sus odiosos tíos. Inesperadamente se presenta en su dormitorio Dobby, un elfo doméstico, que le anuncia que correrá un gran peligro si vuelve a Hogwarts.

"No son las habilidades lo que demuestra lo que somos, son nuestras decisiones"

EL CONDE DE MONTECRISTO

Título original: The Count of Monte Cristo
Director: Kevin Reynolds
Reparto: James Caviezel, Guy Pearce, Richard Harris, James Frain, Dagmara Domińczyk, Michael Wincott, Luis Guzmán.
Año: 2002
País: Irlanda, Reino Unido, Estados Unidos.
Sinopsis:
Edmond Dantes es arrestado injustamente. Cuando logra escapar, se convierte en el conde de Montecristo para cobrar venganza.

...La vida es una tormenta, joven amigo. Disfrutarás de la luz del sol en un momento, te romperás en las rocas al siguiente. Lo que te hace hombre es lo que haces cuando llega esa tormenta.

CIUDAD DE DIOS

Título original: Cidade de Deus
Directores: Fernando Meirelles, Kátia Lund
Reparto: Alexandre Rodrigues, Leandro Firmino, Phellipe Haagensen, Douglas Silva, Jonathan Haagensen, Matheus Nachtergaele, Seu Jorge.
Año: 2002
País: Brasil.
Sinopsis:

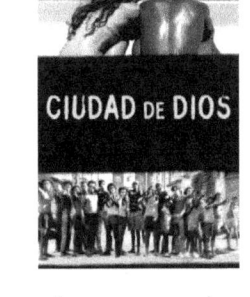

Después de formar una pandilla en Río de Janeiro, un joven y su mejor amigo pasan de los robos, al narcotráfico y a los asesinatos.

¿Arriesgarías la vida por una foto? ¡Olvídalo! Una foto hubiera podido cambiar mi vida, pero en la Ciudad de Dios si corres te agarran. Y si no corres, también.

EL ÚLTIMO SAMURAI

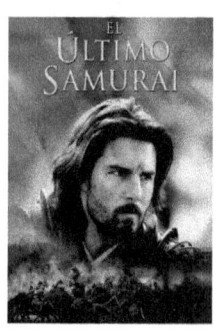

Título original: The Last Samurai
Director: Edward Zwick
Reparto: Tom Cruise, Ken Watanabe, Timothy Spall, Nakamura Shichinosuke II.
Año: 2003
País: Estados Unidos, Japón.
Sinopsis:
Alrededor de 1870, un soldado estadounidense es capturado durante una batalla entre el emperador de Japón y el samurai.

¿Crees que un hombre puede cambiar su destino? "Creo que un hombre hace lo que puede hasta que su destino se le revele a él."

LOS CORISTAS

Título original: Les Choristes
Director: Christophe Barratier
Reparto: Gérard Jugnot, Jean-Baptiste Maunier, François Berléand, Jacques Perrin, Maxence Perrin.
Año: 2004
País: Francia.

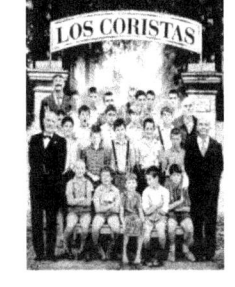

Sinopsis:
Clement Mathieu, un profesor de música, empieza a trabajar como vigilante en un internado de reeducación de menores. En sus esfuerzos por acercarse a los chicos se entrega a la tarea de familiarizarlos con la magia del canto.

"Yo, que juré olvidarme de la música para siempre jamás...Jamás digas jamás. Siempre hay cosas que intentar, nunca nada esta realmente perdido"

GOLPES DEL DESTINO

Título original: Million Dollar Baby
Director: Clint Eastwood
Reparto: Clint Eastwood, Hilary Swank, Morgan Freeman.
Año: 2004
País: Estados Unidos.
Sinopsis:

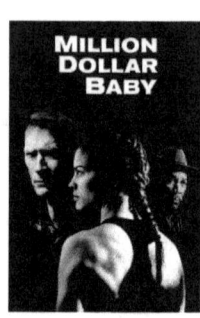

Frankie Dunn es un entrenador que, a pesar de no entrenar a chicas, hace una excepción con Maggie Fitzgerald. Maggie es un poco mayor para empezar de cero en el deporte profesional, pero está dispuesta a sacrificarse al máximo para triunfar.

"Los ganadores son simplemente aquellos que están dispuestos a hacer cosas que no harán los perdedores."

ETERNO RESPLANDOR DE UNA MENTE SIN RECUERDOS

Título original: Eternal Sunshine of the Spotless Mind
Director: Michel Gondry
Reparto: Jim Carrey, Kate Winslet, Kirsten Dunst, Mark Ruffalo, Elijah Wood, Tom Wilkinson.
Año: 2004
País: Estados Unidos.
Sinopsis:

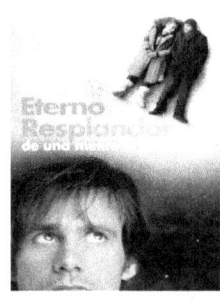

Parecían la pareja ideal, su primer encuentro fue mágico, pero con el paso del tiempo ella deseó nunca haberlo conocido. Su anhelo se hace realidad gracias a un polémico y radical invento. Sin embargo descubrirán que el destino no se puede controlar.

"Es doloroso pasar tanto tiempo con alguien, solo para descubrir, que es un desconocido"

ORGULLO Y PREJUICIO

Título original: Pride & Prejudice
Director: Joe Wright
Reparto: Keira Knightley, Matthew Macfadyen, Tom Hollander, Rosamund Pike, Carey Mulligan, Jena Malone, Donald Sutherland, Brenda Blethyn, Judi Dench.
Año: 2005
País: Reino unido.
Sinopsis:

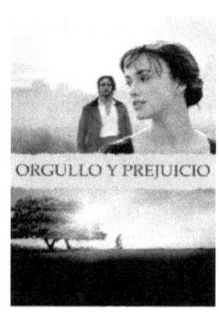

Elizabeth Bennet conoce al apuesto y adinerado Sr. Darcy, con quien, rápidamente, inicia una intensa y compleja relación.

"Mis afectos y deseos no han cambiado, pero una palabra suya me silenciará para siempre"

BATMAN INICIA

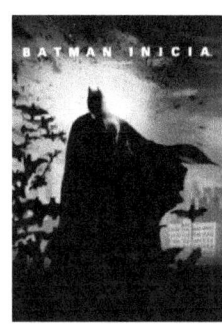

Título original: Batman begins
Director: Christopher Nolan
Reparto: Christian Bale, Michael Caine, Liam Neeson, Katie Holmes, Gary Oldman, Cillian Murphy, Tom Wilkinson, Rutger Hauer, Ken Watanabe, Mark Boone Junior, Linus Roache, Morgan Freeman.
Año: 2005
País: Reino Unido, Estados Unidos.
Sinopsis:
Después de la muerte de sus padres, el joven heredero Bruce Wayne se convierte en un vengador enmascarado que lucha contra las fuerzas del mal en Ciudad Gótica.

...Nuestro nombre no importa, se nos conoce por nuestros actos.

DESAFÍO A LOS GIGANTES

Título original: Facing the Giants
Director: Alex Kendrick
Reparto: Alex Kendrick, Shannen Fields, Tracy Goode, James Blackwell, Bailey Cave, Jim McBride, Jason McLeod, Chris Willis, Erin Bethea.
Año: 2006
País: Estados Unidos.
Sinopsis:

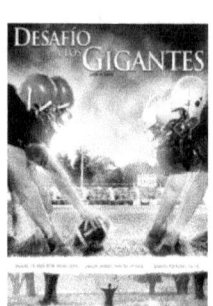

El entrenador de un equipo de fútbol de una escuela inspira a sus jugadores a superarse, a través de la creencia en Dios.

"¡No te rindas hasta que lo des todo! Negocia con tu cuerpo, que te de más fuerza, pero no te des por vencido"

ROCKY BALBOA

Director: Sylvester Stallone
Reparto: Sylvester Stallone, Milo Ventimiglia, Burt Young, Antonio Tarver, Tony Burton, Geraldine Hughes, Henry G. Sanders, Frank Stallone.
Año: 2006
País: Estados Unidos.
Sinopsis:
El plan del retirado Rocky de regresar a los cuadriláteros para algunos combates de poca importancia termina en una pelea contra el campeón mundial de los pesos pesados.

El mundo no es un arcoiris y nubes rosas. Es un mundo malo y muy salvaje. Y no importa que tan rudo seas, te pondrá de rodillas y te dejará así permanentemente si lo dejas. Ni tú, ni yo, ni nadie golpeará tan duro como la vida. Pero no importa que tan duro lo hagas. Importa lo duro que resistas y sigas avanzando ¡Cuánto resistirás y seguirás avanzando! ¡Así es como se gana! Y si sabes cuánto vales sal a buscar lo que mereces, pero debes ir dispuesto a que te den de golpes...

EN BUSCA DE LA FELICIDAD

Título original: The Pursuit of Happyness
Director: Gabriele Muccino
Reparto: Will Smith, Jaden Smith, Thandie Newton, Brian Howe, James Karen, Dan Castellaneta.
Año: 2006
País: Estados Unidos.
Sinopsis:

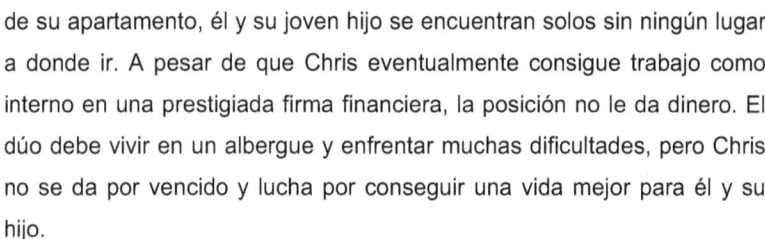

La vida es una lucha para Chris Gardner. Expulsado de su apartamento, él y su joven hijo se encuentran solos sin ningún lugar a donde ir. A pesar de que Chris eventualmente consigue trabajo como interno en una prestigiada firma financiera, la posición no le da dinero. El dúo debe vivir en un albergue y enfrentar muchas dificultades, pero Chris no se da por vencido y lucha por conseguir una vida mejor para él y su hijo.

"Nunca dejes que nadie te diga que no puedes hacer algo. Ni siquiera yo. Si tienes un sueño, tienes que protegerlo. Las personas que no son capaces de hacer algo por ellos mismos, te dirán que tú tampoco puedes hacerlo. ¿Quieres algo? Ve por ello y punto"

LA SEGUNDA OPORTUNIDAD

Título original: The Second Chance
Director: Steve Taylor
Reparto: Michael W. Smith, Jeff Obafemi Carr, J. Don Ferguson, Lisa Arrindell Anderson.
Año: 2006
País: Estados Unidos.
Sinopsis:
Dos pastores de dos parroquias totalmente diferentes deben aprender a superar sus diferencias y trabajan juntos para salvar una iglesia de la ciudad.

…Muchos ya saben que no vine por mi voluntad, he pasado años en la arena y Dios llamó, quería servirlo mientras estuviera cómodo, en un lugar seguro. Hermanos les agradezco por enseñarme que la comodidad es arena, la seguridad es arena, aún este bello santuario no podía durar. Los muros no son la iglesia, Jonesy tú eres la iglesia, Charday eres la iglesia, Sonny, Amanda, Tony con ustedes aprendí el amor de Jesús por ser su iglesia.

A TRAVÉS DEL UNIVERSO

Título original: Across the universo
Directora: Julie Taymor
Reparto: Jim Sturgess, Evan Rachel Wood, Joe Anderson, Dana Fuchs, Martin Luther McCoy, T. V. Carpio.
Año: 2007
País: Estados Unidos.
Sinopsis:

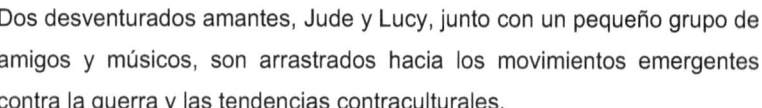

Dos desventurados amantes, Jude y Lucy, junto con un pequeño grupo de amigos y músicos, son arrastrados hacia los movimientos emergentes contra la guerra y las tendencias contraculturales.

...Realmente no es lo que haces si no como lo haces.

BELLEZA INVALUABLE

Título original: Cashback
Director: Sean Ellis
Reparto: Sean Biggerstaff, Emilia Fox, Shaun Evans, Michelle Ryan, Stuart Goodwin.
Año: 2007
País: Reino Unido.
Sinopsis:

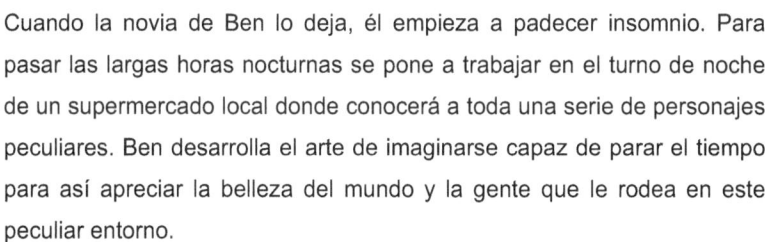

Cuando la novia de Ben lo deja, él empieza a padecer insomnio. Para pasar las largas horas nocturnas se pone a trabajar en el turno de noche de un supermercado local donde conocerá a toda una serie de personajes peculiares. Ben desarrolla el arte de imaginarse capaz de parar el tiempo para así apreciar la belleza del mundo y la gente que le rodea en este peculiar entorno.

Hubo una vez en que quería saber que era el amor, el amor está ahí, si tú quieres que así sea, solo tienes que ver que está envuelto en belleza...
Y que se oculta entre los segundos de tu vida, si no te detienes por un minuto... Es posible que te lo pierdas.

LETRA Y MÚSICA

Título original: Music and Lyrics
Director: Marc Lawrence
Reparto: Hugh Grant, Drew Barrymore, Brad Garrett, Kristen Johnston, Haley Bennett, Campbell Scott.
Año: 2007
País: Estados Unidos.

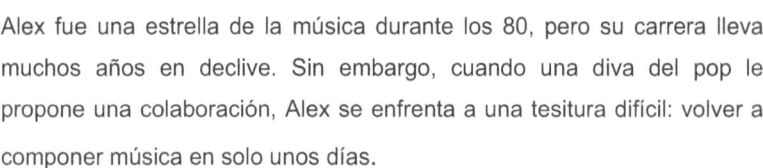

Sinopsis:
Alex fue una estrella de la música durante los 80, pero su carrera lleva muchos años en declive. Sin embargo, cuando una diva del pop le propone una colaboración, Alex se enfrenta a una tesitura difícil: volver a componer música en solo unos días.

...Y creo que sé basándome en mi historia personal, no parezco ser la persona ideal y todo lo que te pido es, no me borres de tu vida, todavía. 🎵

ONCE

Director: John Carney
Reparto: Glen Hansard, Markéta Irglová, Hugh Walsh, Gerard Hendrick, Alaisstair Foley, Geoff Minogue, Bill Hodnett.
Año: 2007
País: Irlanda.
Sinopsis:
Un músico callejero irlandés y una inmigrante checa colaboran en canciones que reflejan la historia de su floreciente amor.

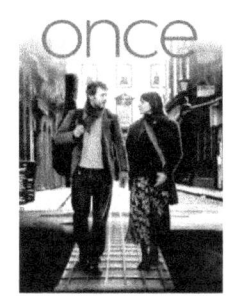

...Estoy buscando una señal en este oscuro momento, y si tienes algo que decir, es mejor que lo digas ahora, porque esto es por lo que has estado esperando, tu oportunidad de igualar el marcador, y mientras estas sombras caen ahora sobre mí, venceré de alguna manera, porque estoy aprendiendo la lección y estoy más cerca de lo que nunca estuve, así que si tienes algo que decir, dímelo ahora, sólo dímelo ahora. ♪

AUGUST RUSH

Directora: Kirsten Sheridan
Reparto: Freddie Highmore, Keri Russell, Jonathan Rhys Meyers, Robin Williams, Terrence Howard, William Sadler.
Año: 2007
País: Estados Unidos.
Sinopsis:
Un niño (Freddie Highmore) usa sus prodigiosos talentos musicales para encontrar a sus padres (Keri Russell, Jonathan Rhys Meyers), ignorando que ellos han iniciado un viaje similar para encontrarlo.

"Uno nunca abandona la música, sin importar qué pase. Porque cada vez que te pase algo malo es el único lugar al que puedes escapar y simplemente dejarte llevar"

EL EXPRESO

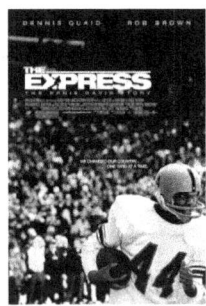

Título original: The Express: The Ernie Davis Story
Director: Gary Fleder
Reparto: Dennis Quaid, Rob Brown, Omar Benson Miller, Clancy Brown, Charles S. Dutton.
Año: 2008
País: Estados Unidos.
Sinopsis:
En la pobreza, Ernie Davis supera obstáculos para entrar al programa de fútbol de la Universidad de Syracuse. Bajo su entrenador Ben Schwartzwalder, Davis se convierte en uno de los mejores jugadores, superando los logros de Jim Brown. En 1961, Davis es el primer jugador negro en ganar el Trofeo Heisman, pero tiene que superar un obstáculo más en su vida.

...La mayoría cree que mi vida es todo sobre fútbol. Hasta yo mismo lo he creído, pero el fútbol es solo un juego. Lo importante es porque se juega. A veces cuando el juego está cerrado y todo está en la línea, es cuando uno olvida la multitud y el ruido, es cuando eres tú contra alguien más, para ver quién es el mejor. Eso es lo que me gusta del juego, porque en ese momento son tus amigos, tus enemigos y tus hermanos.

APRUEBA DE FUEGO

Título original: Fireproof
Director: Alex Kendrick
Reparto: Kirk Cameron, Erin Bethea, Ken Bevel, Stephen Dervan, Jason McLeod, Alex Kendrick.
Año: 2008
País: Estados Unidos.
Sinopsis:
Un bombero y su esposa a punto de divorciarse participan en un programa basado en la fe como último recurso para salvar su matrimonio.

...Yo no pude amar a tu madre hasta que no entendí qué era el amor. Yo tomé la decisión de amar a tu madre, lo mereciera o no. Dios te ama aunque no lo merezcas, aunque lo rechaces o le escupas a la cara. Dios envió a Jesús a morir en la cruz por nuestros pecados, porque te ama.

GRAN TORINO

Director: Clint Eastwood
Reparto: Clint Eastwood, Bee Vang, Ahney Her, Christopher Carley, Scott Eastwood, John Carroll Lynch.
Año: 2008
País: Estados Unidos.
Sinopsis:

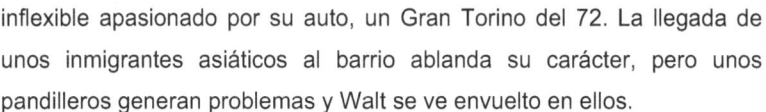

Walt Kowalski es un veterano de guerra duro e inflexible apasionado por su auto, un Gran Torino del 72. La llegada de unos inmigrantes asiáticos al barrio ablanda su carácter, pero unos pandilleros generan problemas y Walt se ve envuelto en ellos.

¿Te has dado cuenta que, de vez en cuando, te puedes encontrar con alguien con quién no deberías meterte?...Ese soy yo.

UNA CHICA FUERA DE SERIE

Título original: My Sassy Girl
Director: Yann Samuell
Reparto: Elisha Cuthbert, Jesse Bradford, Chris Sarandon.
Año: 2008
País: Estados Unidos.
Sinopsis:

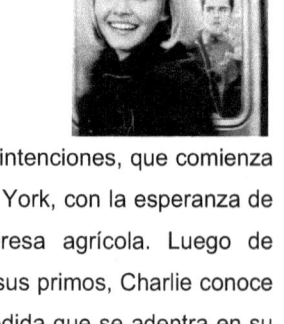

Charlie Bellow, un joven educado y de buenas intenciones, que comienza la escuela de negocios, en la ciudad de Nueva York, con la esperanza de conseguir un puesto directivo en una empresa agrícola. Luego de escuchar sobre la repentina muerte de uno de sus primos, Charlie conoce a Jordan, un atractiva pero errática chica, a medida que se adentra en su vida, descubre también un lado,sin embargo, Charlie lucha por tener una relación con ella, a pesar de que, sin saberlo, está vinculado a su pasado de una forma extraña.

El destino, es el puente que tú creas hasta la persona que amas.

EL ESTUDIANTE

Director: Roberto Girault
Reparto: Jorge Lavat, Norma Lazareno, Cristina Obregón, Pablo Cruz Guerrero, Siouzana Melikián.
Año: 2009
País: México.

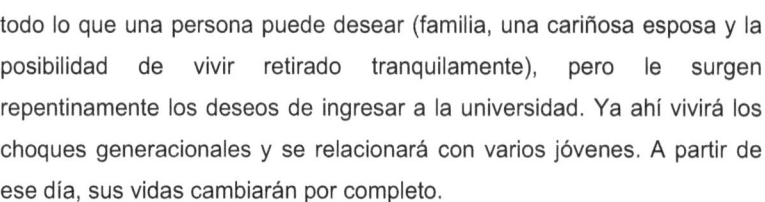

Sinopsis:
ChanO es un viejo que ya ha vivido su vida, tiene todo lo que una persona puede desear (familia, una cariñosa esposa y la posibilidad de vivir retirado tranquilamente), pero le surgen repentinamente los deseos de ingresar a la universidad. Ya ahí vivirá los choques generacionales y se relacionará con varios jóvenes. A partir de ese día, sus vidas cambiarán por completo.

…El estudiante es alguien que nunca deja de aprender y también deja que le enseñen, aprende que el amor es renuncia y no un capricho si no una dulce y total entrega, aprende que no importa las veces que te caigas y toques fondo si no las veces que te vas a levantar, aprende que no importa que el camino te dé miedo, aprende que el camino hay que cruzarlo con valentía y en ese camino uno se encuentra con héroes, héroes que son generosos y dan todo por otros y tambien se encuentra con estudiantes, bueno más que estudiantes amigos que le enseñan a uno que hay que hacer las cosas por si mismo, le enseñan que hay que vivir la vida con valor, con amor, con respeto y compasión.

PRECIOSA

Título original: Precious
Director: Lee Daniels
Reparto: Gabourey Sidibe, Mo'nique, Paula Patton, Mariah Carey.
Año: 2009
País: Estados Unidos.
Sinopsis:
Una adolescente negra y obesa de Harlem, cuya madre la maltrata constantemente, no sabe leer ni escribir. Cuando descubre que está embarazada, la expulsan de la escuela. Sin embargo, la directora la inscribe en una escuela alternativa.

Incluso el viaje más largo comienza con un solo paso.

SIEMPRE A TU LADO

Título original: Hachi: A Dog's Tale
Director: Lasse Hallström
Reparto: Richard Gere, Joan Allen, Cary-Hiroyuki Tagawa, Sarah Roemer, Jason Alexander.
Año: 2009
País: Estados Unidos.
Sinopsis:
Un perro fiel llamado Hachiko acompaña cada mañana a su amo a la estación de tren y regresa cada tarde para darle la bienvenida después del trabajo. Sin embargo, esta rutina se ve rota por una desgracia.

"Nunca conocí a mi abuelo. Murió cuando yo era muy joven. Pero, cuando me hablan de él o de Hachi siento que los conozco. Me enseñaron el valor de la lealtad. Ahora sé que nunca debes olvidar a quien amaste. Está es la razón por la que Hachi siempre será mi héroe."

RECUÉRDAME

Título original: Remember Me
Director: Allen Coulter
Reparto: Robert Pattinson, Emilie de Ravin, Pierce Brosnan, Chris Cooper, Lena Olin, Ruby Jerins.
Año: 2010
País: Estados Unidos.

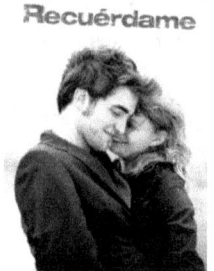

Sinopsis:
Historia sobre el poder del amor, la fuerza de la familia y la importancia de vivir apasionadamente y saber apreciar cada momento de tu vida.

Gandhi dijo que lo que hagas en la vida, será insignificante, pero es muy importante que lo hagas. Estoy de acuerdo con la primera parte. Una vez me dijiste: que "nuestras huellas no se borran de las vidas que tocamos" ¿Será cierto para todos? ¿O solo es basura poética?

MI NOMBRE ES KHAN

Título original: My Name is Khan, माय नेम इज़ ख़ान,

Director: Karan Johar

Reparto: Shahrukh Khan, Kajol, Adarsh Gourav, Jimmy Shergill, Tanay Chheda.

Año: 2010

País: India, Estados Unidos.

Sinopsis:

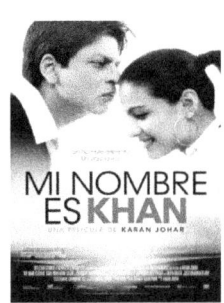

Un hombre (Shah Rukh Khan) autista viaja a través de los Estados Unidos para conocer al presidente Obama.

"En este mundo solo hay dos tipos de personas, la gente buena, que hace el bien y la mala, que hace el mal"

QUE NO PARE LA MÚSICA

Título original: The Music Never Stopped
Director: Jim Kohlberg
Reparto: J.K. Simmons, Julia Ormond, Mía Maestro, Lou Taylor Pucci.
Año: 2011
País: Estados Unidos.
Sinopsis:
Gabriel sufre de un tumor cerebral que le impide generar nuevos recuerdos. Su padre se esfuerza por conectarse con él. Tratando de superar este reto, padre e hijo aprenden a relacionarse a través de la música.

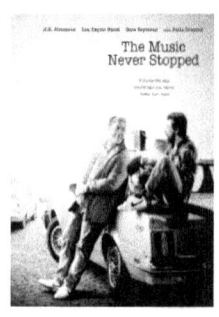

...No sé si recordaré haberte conocido. Así que... Tendré el inmenso placer de volver a conocerte por primera vez.

SIEMPRE EL MISMO DÍA

Título original: One day
Director: Lone Scherfig
Reparto: Anne Hathaway, Jim Sturgess, Rafe Spall, Romola Garai, Patricia Clarkson, Ken Stott.
Año: 2011
País: Estados Unidos, Reino unido.
Sinopsis:
A pesar de ser muy diferentes, un mujer idealista y un mujeriego rico llevan veinte años reuniéndose en la fecha del aniversario de graduación de su universidad.

...Sin importar qué pase mañana, tuvimos el día de hoy.

AMIGOS INTOCABLES

Título original: Intouchables
Directores: Olivier Nakache, Eric Toledano.
Reparto: François Cluzet, Omar Sy, Audrey Fleurot, Anne Le Ny, Alba Gaïa Bellugi, Philippe Pozzo di Borgo, Cyril Mendy.
Año: 2011
País: Francia.

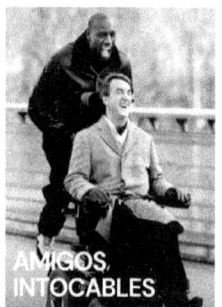

Sinopsis:
Un hombre tetrapléjico y millonario contrata como cuidador a domicilio a Driss, un inmigrante de un barrio marginal recién salido de la cárcel. Aunque no parece la persona más indicada, congenian hasta forjar una amistad tan sólida como inesperada.

"Solo me queda la cabeza para elevarme. Cuando el dolor me deja en paz, me queda el espíritu. Mi verdadera discapacidad no es estar en silla de ruedas. Es estar sin ella."

UNA AVENTURA EXTRAORDINARIA

Título original: Life of Pi
Director: Ang Lee
Reparto: Suraj Sharma, Irrfan Khan, Tabu, Adil Hussain, Rafe Spall, Gérard Depardieu.
Año: 2012
País: Estados Unidos.

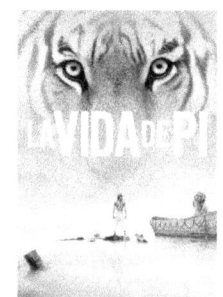

Sinopsis:
Después de decidir vender su zoológico en la India y mudarse a Canadá, Santosh y Gita Patel viajan en un barco carguero con sus hijos y algunos animales. Una terrible tormenta hunde el barco, dejando a Pi, el hijo de los Patel, como el único sobreviviente humano. Sin embargo, Pi no está solo; un temible tigre de bengala lo acompaña en el bote salvavidas. Los días se vuelven semanas y meses, y Pi y el tigre deben aprender a confiar el uno en el otro para sobrevivir.

...Supongo que al final la vida se resume en soltar todo, pero lo que siempre duele más es no tener la oportunidad de despedirse.

VIVIR ES FÁCIL CON LOS OJOS CERRADOS

Director: David Trueba
Reparto: Javier Cámara, Natalia de Molina, Jorge Sanz, Francesc Colomer, Ramon Fontserè, Ariadna Gil.
Año: 2013
País: España.
Sinopsis:
En 1966, Antonio, un profesor de escuela secundaria en España, conduce hasta Almería para conocer a John Lennon y ayudar a dos fugitivos.

..."Todos necesitamos gritar 'help' alguna vez en la vida."

CUESTIÓN DE TIEMPO

Título original: About Time
Director: Richard Curtis
Reparto: Domhnall Gleeson, Rachel McAdams, Bill Nighy, Margot Robbie, Lindsay Duncan, Tom Hollander.
Año: 2013
País: Reino Unido.
Sinopsis:

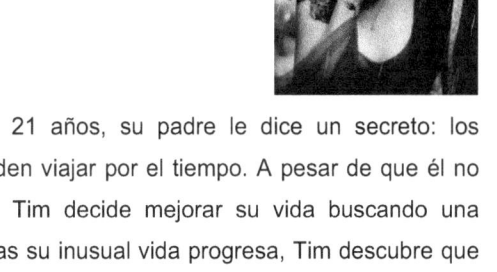

Cuando Tim Lake cumple 21 años, su padre le dice un secreto: los hombres de su familia pueden viajar por el tiempo. A pesar de que él no puede cambiar la historia, Tim decide mejorar su vida buscando una novia. Sin embargo, mientras su inusual vida progresa, Tim descubre que su habilidad especial no puede protegerlos de los problemas diarios de la vida.

La verdad es que ya nunca viajo al pasado, ni siquiera por un día. Sólo intento vivir cada día como si hubiera regresado deliberadamente a este día para disfrutarlo como si fuera el último día de mi extraordinaria y ordinaria vida.

EMPEZAR OTRA VEZ

Título original: Begin Again
Director: John Carney
Reparto: Keira Knightley, Mark Ruffalo, Hailee Steinfeld, Adam Levine.
Año: 2013
País: Estados Unidos.
Sinopsis:
Una talentosa cantante y su productor musical comienzan una relación compleja que les cambiará la vida para siempre.

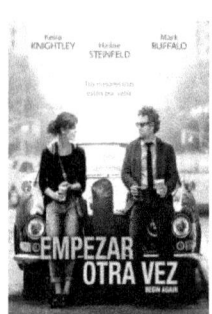

…No te atrevas a dejar que nuestros mejores recuerdos te traigan dolor, pasa la página tal vez encontremos un nuevo final donde estamos bailando en nuestras lágrimas…estamos buscando un significado pero todos somos estrellas perdidas tratando de iluminar la oscuridad. ♪

AMOR ETERNO

Título original: Endless Love
Directora: Shana Feste
Reparto: Alex Pettyfer, Gabriella Wilde, Bruce Greenwood, Joely Richardson, Robert Patrick.
Año: 2014
País: Estados Unidos.
Sinopsis:
Una joven se encuentra con un novelista en un bar y se enamora de él rápidamente, lo que no sabe es que ha caído en una trampa tendida por el novelista y su exnovia.

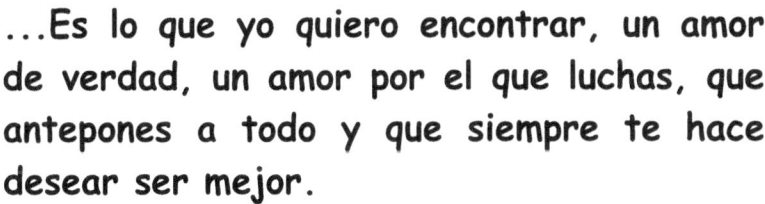

...Es lo que yo quiero encontrar, un amor de verdad, un amor por el que luchas, que antepones a todo y que siempre te hace desear ser mejor.

INQUEBRANTABLE

Título original: Unbroken
Directora: Angelina Jolie
Reparto: Jack O'Connell, Garrett Hedlund, Miyavi, Domhnall Gleeson, Jai Courtney.
Año: 2014
País: Estados Unidos.
Sinopsis:
Durante la Segunda Guerra Mundial, el olímpico y héroe de guerra Louis Zamperini sobrevive 47 días en el mar en una balsa, solo para ser capturado por la armada japonesa y ser enviado a un campo de prisioneros.

...Si puedes soportarlo, puedes hacerlo, ¿verdad? Tú entrena, y lucha, mucho más que los demás. Y si ganas, superarás todo eso... O continuarás como estás, y terminarás como un vago en las calles. Tú puedes hacerlo Louie. Sólo tienes que creer que puedes.

AMOR Y PIEDAD

Título original: Love & Mercy
Director: Bill Pohlad
Reparto: Paul Dano, John Cusack, Brett Davern, Elizabeth Banks, Graham Rogers, Kenny Wormald, Paul Giamatti, Jake Abel, Joanna Going, Bill Camp, Nick Gehlfuss, Max Schneider, Diana-Maria Riva.
Año: 2014
País: Estados Unidos.
Sinopsis:
Al final de los años 60, Brian Wilson, de los "Beach Boys", deja de hacer giras. Produce "Pets Sounds" y comienza a apartarse de la realidad. En la década de los 80, bajo la influencia de un terapeuta, encuentra la salvación en la figura de Melinda Ledbetter.

..."Sólo Dios sabe lo que sería sin ti" ♪

EL JEREMÍAS

Director: Anwar Safa
Reparto: Martín Castro, Isela Vega, Karem Momo, Paulo Sergio Galindo, Daniel Giménez Cacho, Jesús Ochoa, Gabriela Roel, Juan Manuel Bernal Chávez.
Año: 2015
País: México.

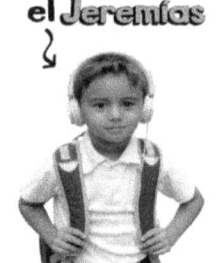

Sinopsis:
Jeremías es un niño que descubre que es un genio y se ve obligado a decidir por adelantado qué quiere ser en la vida, a pesar de la ignorancia y los escasos recursos de su familia.

"La búsqueda máxima del hombre es la felicidad, para ser feliz no hay que hacer siempre lo que uno quiere pero amar siempre lo que uno hace"

ANTES DE IRNOS

Título original: Before We Go
Director: Chris Evans
Reparto: Alice Eve, Chris Evans, Emma Fitzpatrick.
Año: 2015
País: Estados Unidos.
Sinopsis:

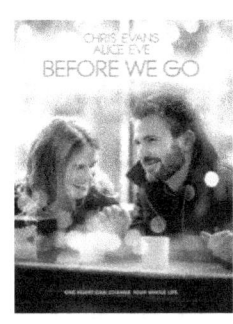

Una mujer pierde el tren de la 1:30 de Nueva York a Boston, tras lo cual un músico de la calle pasa la noche tratando de ayudarla a hacer que pueda volver a casa antes de que llegue su marido. A lo largo de la noche aprenden mucho el uno del otro y se enamoran.

"No hay pareja perfecta, no existe la perfección. Siempre habrá dificultades. Sólo tienes que elegir con quién quieres enfrentarte a ellas."

EL NIÑO Y LA BESTIA

Título original: バケモノの子 Bakemono no Ko?
Director: Mamoru Hosoda
Reparto: Kōji Yakusho, Aoi Miyazaki, Shōta Sometani, Suzu Hirose.
Año: 2015
País: Japón.
Sinopsis:

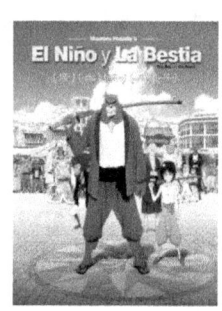

Kyuta es un niño solitario que vive en Tokio. Kumatetsu es un ser sobrenatural aislada en un mundo imaginario. Un día Kyuta cruza la frontera al mundo imaginario y entabla amistad con la criatura.

...A veces las ilusiones son más genuinas que la verdad.

HASTA EL ÚLTIMO HOMBRE

Título original: Hacksaw Ridge
Director: Mel Gibson
Reparto: Andrew Garfield, Sam Worthington, Luke Bracey, Hugo Weaving, Teresa Palmer, Rachel Griffiths, Vince Vaughn.
Año: 2016
País: Estados Unidos, Australia.
Sinopsis:

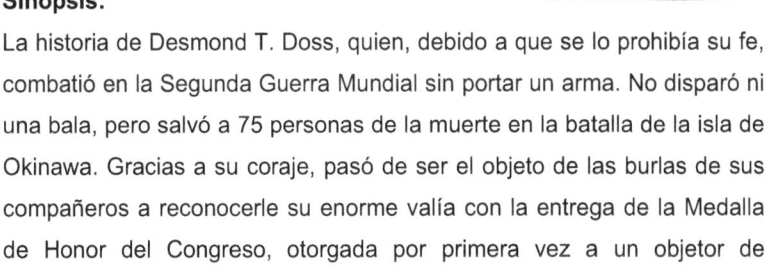

La historia de Desmond T. Doss, quien, debido a que se lo prohibía su fe, combatió en la Segunda Guerra Mundial sin portar un arma. No disparó ni una bala, pero salvó a 75 personas de la muerte en la batalla de la isla de Okinawa. Gracias a su coraje, pasó de ser el objeto de las burlas de sus compañeros a reconocerle su enorme valía con la entrega de la Medalla de Honor del Congreso, otorgada por primera vez a un objetor de conciencia.

...Tal vez soy un orgulloso y tonto. Pero no sé cómo vivir conmigo mismo sino me mantengo fiel a lo que creo.

LA LA LAND: UNA HISTORIA DE AMOR

Título original: La La Land
Director: Damien Chazelle
Reparto: Ryan Gosling, Emma Stone, Finn Wittrock, J.K. Simmons, John Legend, Sonoya Mizuno.
Año: 2016
País: Estados Unidos, Hong Kong.

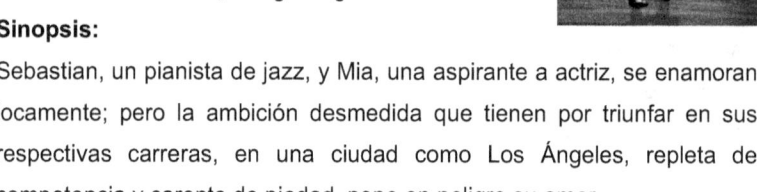

Sinopsis:
Sebastian, un pianista de jazz, y Mia, una aspirante a actriz, se enamoran locamente; pero la ambición desmedida que tienen por triunfar en sus respectivas carreras, en una ciudad como Los Ángeles, repleta de competencia y carente de piedad, pone en peligro su amor.

...Dejaré que la vida me golpee hasta cansarse. Y cuando eso suceda, yo golpearé de regreso. Es así como funciona esto.

SING STREET: ESTE ES TU MOMENTO

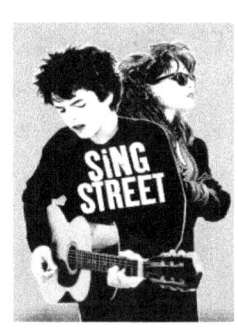

Título original: Sing Street
Director: John Carney
Reparto: Ferdia Walsh-Peelo, Lucy Boynton, Jack Reynor, Mark McKenna, Maria Doyle Kennedy, Aidan Gillen.
Año: 2016
País: Irlanda, Reino Unido.
Sinopsis:
En el Dublín de los años 80, un joven de una familia con problemas entra a una escuela nueva y forma un grupo de rock para intentar encajar y atraer a una chica.

…No había visto alguien así, la manera en la que habla y mira, usa unas gafas y cuando se las quita, sus ojos, es como si las nubes se disiparán para ver la luna, a veces quiero llorar cuando la veo.

LA RAZÓN DE ESTAR CONTIGO

Título original: A Dog's Purpose
Director: Lasse Hallström
Reparto: Britt Robertson, KJ Apa, Juliet Rylance, John Ortiz, Kirby Howell-Baptiste, Peggy Lipton.
Año: 2017
País: Estados Unidos.
Sinopsis:
Reencarnado en diferentes perros a lo largo de cinco décadas, un canino adorable y devoto sigue reuniéndose con su primer dueño, el que lo cuidó cuando era un cachorro golden retriever, mientras busca el sentido de su vida entre los seres humanos.

"En todas mis vidas perrunas, esto fue lo que aprendí, hay que divertirse, obviamente; cuando sea posible, hay que buscar a alguien que necesite ser salvado y salvarlo; hay que lamer a los seres queridos; no ponerle esa cara triste al pasado, ni lamentarse por lo que pudo ser, sólo hay que disfrutar el presente... Y esa es la razón de estar contigo"

LOGAN: WOLVERINE

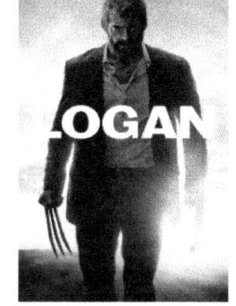

Título original: Logan
Director: James Mangold
Reparto: Hugh Jackman, Patrick Stewart, Dafne Keen, Stephen Merchant, Boyd Holbrook, Richard E. Grant, Elizabeth Rodríguez.
Año: 2017
País: Estados Unidos.
Sinopsis:
Han pasado los años y los mutantes están en declive. Logan, débil y cansado, vive alejado de todos hasta que acepta una última misión de Charles Xavier: la de proteger a una joven especial, de nombre Laura Kinney pero conocida como X-23, la última esperanza de la raza mutante.

"Esto es la vida. Un hogar, personas que se quieren, un lugar seguro; deberías tomarte un momento y sentirlo"

UN DON EXCEPCIONAL

Título original: Gifted
Director: Marc Webb
Reparto: Chris Evans, Mckenna Grace, Octavia Spencer.
Año: 2017
País: Estados Unidos.
Sinopsis:
Frank y su madre se enfrentan por la custodia de Mary, la sobrina de Frank. Mary es una niña con un talento fuera de lo común para las matemáticas y la madre de Frank, una mujer muy brillante, quiere tutelarla; pero él se niega a ceder su custodia porque desea que Mary disfrute de una infancia normal.

...Te voy a decir algo, de una u otra forma al final volveremos a estar juntos.

UN SACO DE CANICAS

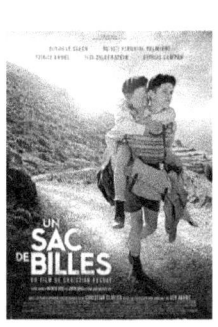

Título original: Un sac de billes
Director: Christian Duguay
Reparto: Dorian Le Clech, Batyste Fleurial, Patrick Bruel, Elsa Zylberstein, Bernard Campan, Kev Adams, Christian Clavier, César Domboy, Ilian Bergala, Lucas Prisor, Vincent Nemeth, Luc Palun.
Año: 2017
País: Francia, Canadá, República Checa.
Sinopsis:
Unos hermanos judíos huyen a través de Francia durante la ocupación alemana, en plena Segunda Guerra Mundial. Para salvarse, deberán abandonar a su familia.

Si sigues luchando, aferrandote a la vida con fuerza, podrás lograrlo... escapaste de la muerte dos veces, ¿debes tener una buena razón para vivir, cierto?, haz de tu vida algo de lo que te sientas orgulloso.

EL GRAN SHOWMAN

Título original: The Great Showman
Director: Michael Gracey
Reparto: Hugh Jackman, Zac Efron, Rebecca Ferguson, Zendaya, Paul Sparks, Diahann Carroll, Michelle Williams.
Año: 2017
País: Estados Unidos.
Sinopsis:

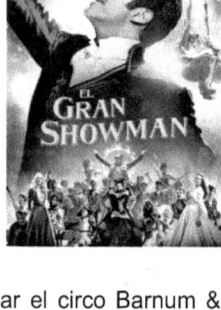

P.T. Barnum se entrega a su imaginación para crear el circo Barnum & Bailey en el siglo XIX. Con números musicales, artistas exóticos y hazañas, el fascinante espectáculo toma al mundo por asalto para convertirse en el mejor espectáculo de la Tierra.

"El arte más noble es el de hacer felices a los demás"

GUERRA FRÍA

Título original: Cold War
Director: Paweł Pawlikowski
Reparto: Joanna Kulig, Tomasz Kot, Jeanne Balibar, Cédric Kahn, Adam Woronowicz.
Año: 2018
País: Polonia, Francia, Reino unido.
Sinopsis:

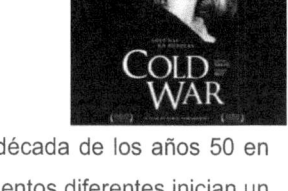

Con el telón de fondo de la Guerra Fría de la década de los años 50 en Polonia, dos personas con pasados y temperamentos diferentes inician un romance casi imposible.

...Dos corazones, cuatro ojos que lloran todo el día y toda la noche. Ojos negros, lloran porque no pueden estar juntos. No pueden estar juntos. ♪

AMOR DE VINILO

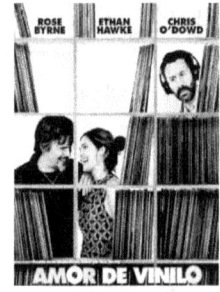

Título original: Juliet, Naked
Director: Jesse Peretz
Reparto: Rose Byrne, Ethan Hawke, Chris O'Dowd, Megan Dodds.
Año: 2018
País: Estados Unidos, Reino Unido.
Sinopsis:
Annie rompe con su pareja, Duncan, un profesor que idolatra hasta la locura a Tucker Crowe, un rockero célebre en los 90 del que ahora poca gente se acuerda. Después de su ruptura, Annie establece una amistad profunda con Tucker.

… Creo que la gente como tú, con talento real, no lo valora porque es algo natural. Y nunca valoramos las cosas que nos resultan fáciles. Pero valoro ese álbum más que a cualquier otro. No porque sea perfecto, sino por lo que me hace sentir.

SI SOLO PUDIERA IMAGINAR

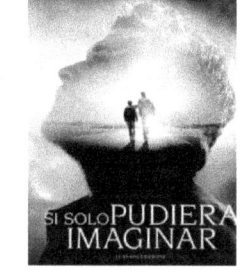

Título original: I Can Only Imagine.
Directores: Jon Erwin, Andrew Erwin.
Reparto: J. Michael Finley, Madeline Carroll, Trace Adkins, Craig Lembke, Priscilla Shirer, Cloris Leachman, Dennis Quaid, Tanya Clarke.
Año: 2018
País: Estados Unidos.
Sinopsis:
Mientras crecía en Texas, Bart Millard sufrió agresiones físicas y psíquicas, perpetradas por su padre. Su infancia y la relación con su progenitor le inspiraron para componer la canción "I can only imagine".

...Deja que el sufrimiento se convierta en tu inspiración y entonces tendrás algo en lo que la gente pueda creer.

NACE UNA ESTRELLA

Título original: A Star Is Born
Director: Bradley Cooper
Reparto: Bradley Cooper, Lady Gaga, Sam Elliott, Andrew Dice Clay, Rafi Gavron, Anthony Ramos, Dave Chappelle.
Año: 2018
País: Estados Unidos.

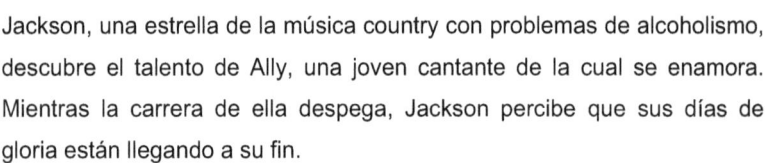

Sinopsis:
Jackson, una estrella de la música country con problemas de alcoholismo, descubre el talento de Ally, una joven cantante de la cual se enamora. Mientras la carrera de ella despega, Jackson percibe que sus días de gloria están llegando a su fin.

Tal vez es el momento de que las viejas costumbres mueran.

CAPERNAUM

Título original: Cafarnaúm (كفرناحوم)
Directora: Nadine Labaki
Reparto: Zain Al Rafeea, Yordanos Shiferaw, Boluwatife Treasure, Bankole.
Año: 2018
País: Líbano.

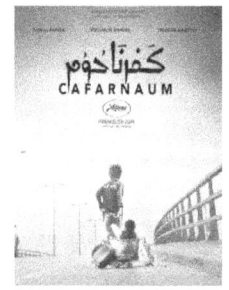

Sinopsis:
Después de huir de unos padres negligentes y abusivos, un niño de 12 años, experimentado y callejero, los demanda para hacer justicia por la vida que le dieron.

Quiero que los adultos escuchen lo que tengo para decir. Estoy harto de los que no saben ocuparse de sus hijos. ¿Qué voy a aprender de todo esto? ¿Los insultos, los puñetazos, las patadas? ¿La cadena, la manguera o el cinturón? Lo más amable que escucho es: "¡Vete al carajo". "¡Lárgate, desgraciado!". La vida es mierda de perro. ¡Más asquerosa que los zapatos que llevo! Vivo en el infierno. Estoy asándome, como el pollo que sueño con comer.
...Quiero demandar a mis padres.
Por haberme traído al mundo.

JOJO RABBIT

Director: Taika Waititi
Reparto: Roman Griffin Davis, Thomasin McKenzie, Taika Waititi, Scarlett Johansson, Sam Rockwell.
Año: 2019
País: Estados Unidos.

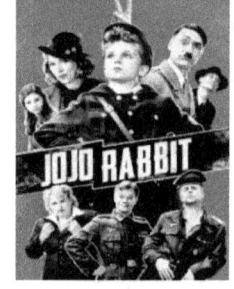

Sinopsis:
Durante la Segunda Guerra Mundial, un niño que pertenece a las Juventudes Hitlerianas descubre que su madre está ocultando en el ático de su casa a una niña judía. La concepción del mundo que tienen el pequeño y su amigo imaginario, Hitler, cambia por completo con la irrupción en sus vidas de la joven hebrea.

"Deja que todo te suceda. Belleza y terror. Solo sigue adelante. Ningún sentimiento es definitivo".

GUASÓN

Título original: Joker
Director: Todd Phillips
Reparto: Joaquin Phoenix, Robert De Niro, Zazie Beetz, Frances Conroy, Brett Cullen.
Año: 2019
País: Estados Unidos.
Sinopsis:
Arthur Fleck adora hacer reír a la gente, pero su carrera como comediante es un fracaso. El repudio social, la marginación y una serie de trágicos acontecimientos lo conducen por el sendero de la locura y, finalmente, cae en el mundo del crimen.

Solía pensar que mi vida era una tragedia, pero ahora me doy cuenta de que es una comedia.

ROCKETMAN

Director: Dexter Fletcher
Reparto: Taron Egerton, Jamie Bell, Richard Madden, Bryce Dallas Howard, Steven Mackintosh, Gemma Jones.
Año: 2019
País: Reino unido.
Sinopsis:
La trayectoria del artista Elton John, desde sus años como niño prodigio del piano en la Royal Academy of Music hasta llegar a ser una superestrella de fama mundial.

...Sé que no es mucho, pero es lo mejor que puedo hacer, mi regalo es mi canción, y esta es para ti. 🎵

OPERACIÓN HERMANOS

Título original: The Red Sea Diving Resort.
Director: Gideon Raff
Reparto: Chris Evans, Michael Kenneth Williams, Haley Bennett, Alessandro Nivola, Michiel Huisman, Chris Chalk, Greg Kinnear, Ben Kingsley.
Año: 2019
País: Estados Unidos.
Sinopsis:
A principios de la década de 1980, agentes internacionales y valientes etíopes utilizaron un refugio en Sudán como un lugar para llevar a miles de refugiados a Israel.

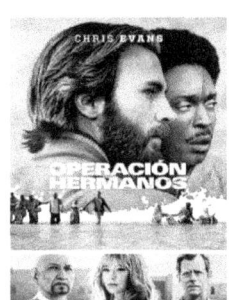

...Cuando ves a tu hermano o a tu hermana sufrir, no debes mantenerte en silencio. No debes quedarte quieto. Apoyalos y ayudalos. No abandonamos a nadie.

CORPUS CHRISTI

Título original: Boże Ciało
Director: Jan Komasa
Reparto: Bartosz Bielenia, Aleksandra Konieczna, Eliza Rycembel, Tomasz Ziętek, Barbara Kurzaj.
Año: 2019
País: Polonia, Francia.
Sinopsis:

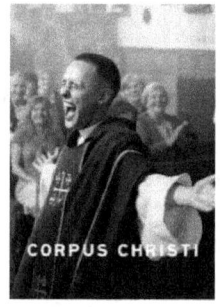

Daniel experimenta una transformación espiritual mientras vive en un Centro de Detención Juvenil. Cuando le niegan la posibilidad de convertirse en sacerdote por sus antecedentes, él decide vestirse de cura y atender la parroquia de un pueblo.

...¿Saben en qué somos buenos? en renunciar a la gente señalándolos con el dedo, "perdonar" no significa "olvidar", no significa "fingir que no ha pasado nada" "perdonar" significa "amor", amar a alguien a pesar de su culpa, no importa cuál sea la culpa.

LA MÚSICA DE MI VIDA

Título original: Blinded by the Light
Directora: Gurinder Chadha
Reparto: Viveik Kalra, Kulvinder Ghir, Meera Ganatra, Nell Williams, Aaron Phagura, Dean-Charles Chapman, Rob Brydon, Hayley Atwell.
Año: 2019
País: Estados Unidos, Reino unido.
Sinopsis:
En la conflictiva Inglaterra de 1987, Javed es un adolescente de origen paquistaní, de clase obrera, que sufre racismo y penurias económicas. Sin embargo, gracias a la música de Bruce Springsteen, Javed aprende a comprender a su familia y encauzar su vida.

Escribe tu historia pero no olvides la nuestra.

NOMADLAND

Directora: Chloé Zhao
Reparto: Frances McDormand, David Strathairn, Linda May, Charlene Swankie.
Año: 2020
País: Estados Unidos.
Sinopsis:
Después de haberlo perdido todo por culpa de la crisis económica, una mujer de Nevada emprende un viaje por el oeste estadounidense en una casa rodante. Ella desea explorar un estilo de vida nómada, alejado de las convenciones sociales.

...Una de las cosas que más me gusta de esta vida es que no existe una cosa tal como el adiós final...he conocido cientos de personas aquí y nunca te dan un adiós para siempre, yo siempre digo ¨te veré en el camino¨ y así es como ocurre.

MIENTRAS ESTES CONMIGO

Título original: I still believe
Directores: Jon Erwin, Andrew Erwin
Reparto: KJ Apa, Britt Robertson, Melissa Roxburgh, Nathan Parsons, Shania Twain, Gary Sinise.
Año: 2020
País: Estados Unidos.
Sinopsis:
La biografía del intérprete de música cristiana Jeremy Camp. Una vida marcada por la lucha contra la adversidad, una batalla en la que siempre se aferró al amor y la fe.

...Me dijo que si su historia cambiaba la vida de una persona, tan sólo una, valdría la pena, así que esta es para Ella.

EL AMOR EN SU LUGAR

Título original: Love Gets a Room
Director: Rodrigo Cortés
Reparto: Clara Rugaard-Larsen, Ferdia Walsh-Peelo, Magnus Krepper, Jack Roth, Henry Goodman, Anastasia Hille, Valentina Bellè, Freya Parks.
Año: 2021
País: España.

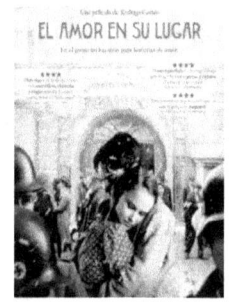

Sinopsis:
En el gueto de Varsovia en 1940, un grupo de actores judíos representa la obra "El amor en su lugar", de Jerzy Jurandot. Los espectadores se emocionan ante una historia de amor y olvidan por un momento su difícil situación. Entre bambalinas, los actores se enfrentan a un dilema de vida o muerte ante la posibilidad de llevar a cabo una fuga después de la función.

"Amar o ser amado, el eterno dilema, ¿que es mejor? si es que acaso se puede elegir"

ESPÍRITU DE LUCHA

Título original: 12 Mighty Orphans
Director: Ty Roberts
Reparto: Luke Wilson, Vinessa Shaw, Wayne Knight, Martin Sheen, Robert Duvall.
Año: 2021
País: Estados Unidos.
Sinopsis:
Durante la Gran Depresión, Rusty Russell, un entrenador de fútbol americano, lucha por llevar a un equipo de huérfanos de Texas a la final del campeonato estatal. Los jóvenes se convertirán en una inspiración para el estado y toda la nación.

...Nadie me enviará al ades antes que mi destino, y el destino, nadie a escapado de él, ni valientes ni cobardes. Nace con nosotros el día en que nacemos.

TICK, TICK... BOOM!

Director: Lin-Manuel Miranda
Reparto: Andrew Garfield, Alexandra Shipp, Robin de Jesús, Joshua Henry, Judith Light, Vanessa Hudgens.
Año: 2021
País: Estados Unidos.

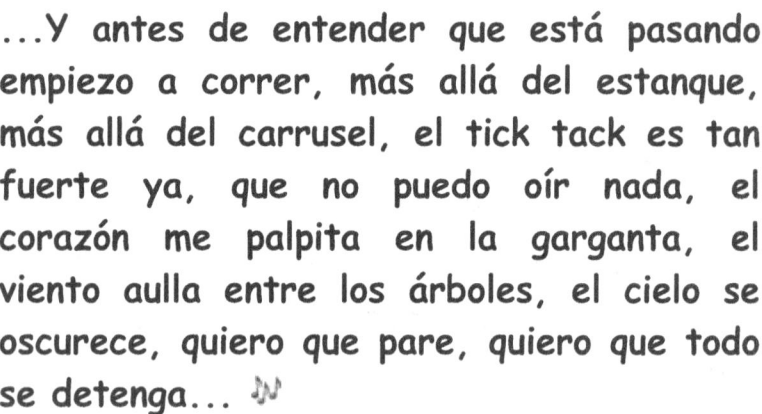

Sinopsis:
Un joven y prometedor compositor de teatro se sumerge en el amor, la amistad y las presiones de la vida como artista en la ciudad de Nueva York.

...Y antes de entender que está pasando empiezo a correr, más allá del estanque, más allá del carrusel, el tick tack es tan fuerte ya, que no puedo oír nada, el corazón me palpita en la garganta, el viento aulla entre los árboles, el cielo se oscurece, quiero que pare, quiero que todo se detenga...

C´MON C´MON: SIEMPRE ADELANTE

Título original: C´mon C´mon
Director: Mike Mills
Reparto: Joaquin Phoenix, Gaby Hoffmann, Scoot McNairy, Molly Webster, Jaboukie Young-White, Woody Norman.
Año: 2021
País: Estados Unidos.
Sinopsis:
Johnny y su pequeño sobrino forjan una relación tenue, pero transformadora, en un viaje por carretera inesperado.

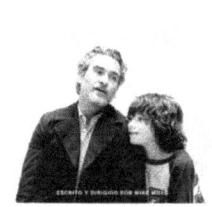

"Está bien, no estar bien, ¿Sabes? Puedes estar enojado, triste, perdido y confundido, Pero eso está bien"

SIN NOVEDAD EN EL FRENTE

Título original: All Quiet On The Western Front
Director: Edward Berger
Reparto: Felix Kammerer, Albrecht Schuch, Aaron Hilmer, Edin Hasanović, Daniel Brühl, Thibault de Montalembert, Devid Striesow.
Año: 2022
País: Estados Unidos, Alemania.

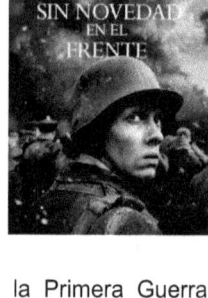

Sinopsis:
Paul, de 17 años, se une al Frente Occidental en la Primera Guerra Mundial, pero su entusiasmo inicial se ve truncado por la sombría realidad de la vida en las trincheras.

Estar aquí es como una fiebre. Nadie la quiere, pero de repente aparece. Nosotros no queríamos esto, los demás tampoco. Pero aquí estamos. La mitad del mundo está aquí. Y Dios nos observa mientras nos masacramos.

BATMAN

Título original: The Batman
Director: Matt Reeves
Reparto: Robert Pattinson, Zoë Kravitz, Paul Dano, Jeffrey Wright, John Turturro, Peter Sarsgaard, Andy Serkis, Colin Farrell.
Año: 2022
País: Estados Unidos.

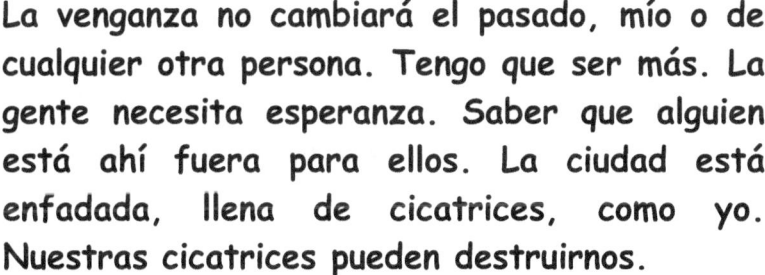

Sinopsis:
Batman explora la corrupción existente en la ciudad de Gotham y el vínculo de esta con su propia familia. Además, entra en conflicto con un asesino en serie conocido como "el Acertijo".

La venganza no cambiará el pasado, mío o de cualquier otra persona. Tengo que ser más. La gente necesita esperanza. Saber que alguien está ahí fuera para ellos. La ciudad está enfadada, llena de cicatrices, como yo. Nuestras cicatrices pueden destruirnos.
Incluso después de que las heridas físicas hayan sanado. Pero si sobrevivimos a ellas pueden transformarnos. Ellas pueden darnos el poder para soportar y la fuerza para luchar.

LA REVOLUCIÓN DE JESÚS

Título original: Jesús Revolution
Directores: Jon Erwin, Brent McCorkle
Reparto: Joel Courtney, Kelsey Grammer, Jonathan Roumie, Kimberly Williams-Paisley, Ally Ioannides, Julia Campbell, Nicholas Bishop, DeVon.
Año: 2023
País: Estados Unidos.
Sinopsis:

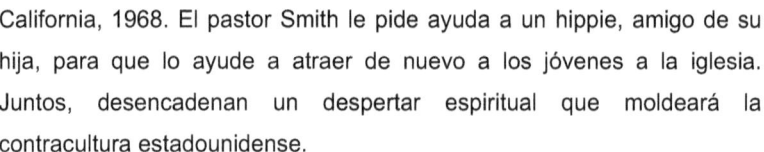

California, 1968. El pastor Smith le pide ayuda a un hippie, amigo de su hija, para que lo ayude a atraer de nuevo a los jóvenes a la iglesia. Juntos, desencadenan un despertar espiritual que moldeará la contracultura estadounidense.

...Si miras en lo profundo, si miras con amor, verás a muchos chicos buscando todo lo que es bueno, solo que en lugares equivocados.

EL CAMINO DE HILL

Título original: The Hill
Director: Jeff Celentano
Reparto: Dennis Quaid, Colin Ford, Joelle Carter, Randy Houser, Jesse Berry, Bonnie Bedelia y Scott Glenn.
Año: 2023
País: Estados Unidos.
Sinopsis:

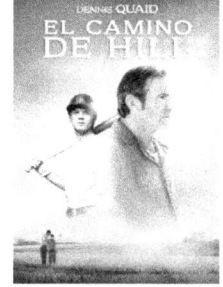

Rickey muestra un extraordinario talento para el béisbol, a pesar de crecer con una enfermedad degenerativa de la columna vertebral. El padre de Rickey, pastor evangélico itinerante, intenta desalentarlo a jugar para que no se lesione.

..."Tú nunca vas a poder jugar en las mayores"...nunca digas nunca.

RADICAL

Director: Christopher Zalla
Reparto: Eugenio Derbez, Jennifer Trejo, Danilo Guardiola, Mía Fernanda Solís, Daniel Haddad, Gilberto Barraza, Enoc Leaño.
Año: 2023
País: México.
Sinopsis:

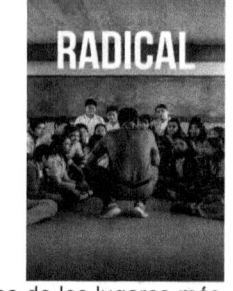

Sergio se dispone a impartir clase en Matamoros, uno de los lugares más difíciles de México. Aunque hasta ahora sus alumnos solo han conocido un ambiente marcado por la violencia y la falta de disciplina, él trae un método nuevo y radical.

"Hay niños de su edad en el mundo que son capaces de resolver fórmulas complejas de cálculo ¿cómo podrían los alumnos de la escuela José Urbina hacer ese tipo de cosas si no tenemos computadoras ni internet? No necesitamos nada de eso, porque lo que cada uno de ustedes necesita; ya lo tienen y se llama potencial"

LA SOCIEDAD DE LA NIEVE

Director: Juan Antonio Bayona
Reparto: Enzo Vogrincic, Matías Recalt, Agustín Pardella, Felipe González Otaño, Luciano Chatton, Valentino Alonso, Francisco Romero.
Año: 2023
País: España.
Sinopsis:
En 1972, un vuelo procedente de Uruguay se estrella en un glaciar en los Andes. Solo 29 de sus 45 pasajeros sobreviven al accidente. Atrapados en uno de los entornos más hostiles del planeta, se ven obligados a luchar por sus vidas.

"Lo único que nos queda es la vida, tenemos que defenderla por encima de todo."

GARRA DE HIERRO

Título original: The Iron Claw
Director: Sean Durkin
Reparto: Zac Efron, Jeremy Allen White, Harris Dickinson, Maura Tierney, Stanley Simons, Holt McCallany, Lily James.
Año: 2023
País: Estados unidos, Reino unido.
Sinopsis:
La historia de los hermanos Von Erich, quienes dejaron su impronta en la lucha libre profesional a comienzos de la década de 1980. La suya fue una aventura marcada por el ansia de triunfo, la pasión por el deporte y la tragedia más devastadora.

Desde que era niño, la gente decía que mi familia estaba maldita. Mamá trató de protegernos con Dios. Papá intentó protegernos con la lucha libre. Dijo que si fuéramos los más duros, los más fuertes, nada podría hacernos daño. Le creí. Todos lo hicimos.

THE GREATEST HITS

Director: Ned Benson
Reparto: Lucy Boynton, Justin H. Min, David Corenswet y Austin Crute.
Año: 2024
País: Estados Unidos.
Sinopsis:

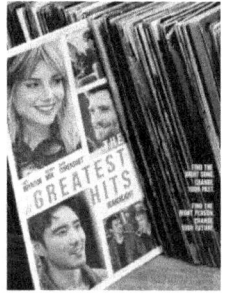

Harriet descubre que ciertas melodías tienen el poder único de transportarla atrás en el tiempo, reviviendo momentos con su antiguo amor. Sin embargo, este viaje por la memoria se ve desafiado por la aparición de un nuevo amor en el presente.

Encontrar la canción correcta, cambia tu pasado. Encontrar a la persona correcta, cambia tú futuro.

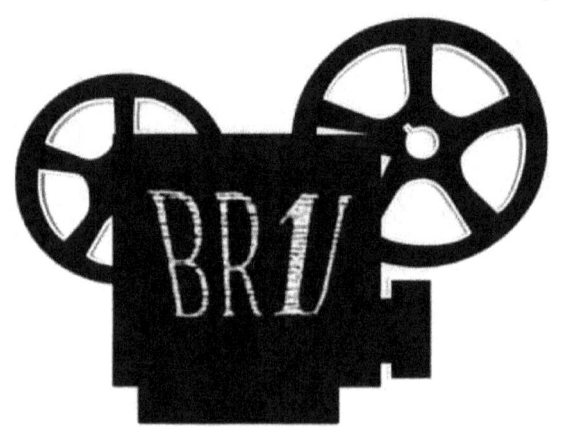

EPÍLOGO

A lo largo de este libro, hemos recorrido un vasto universo de emociones, ideas y sabiduría encapsulada en frases que han resonado en el cine y en nuestras vidas. Desde las declaraciones apasionadas hasta los susurros de reflexión, cada cita ha ofrecido un vistazo a la complejidad humana y a la diversidad de experiencias que nos unen. Las frases de películas no son solo palabras; son fragmentos de nuestra cultura compartida, reflejos de nuestras aspiraciones y temores, y ecos de los dilemas que enfrentamos. A través de los guiones, los personajes y los diálogos, hemos encontrado consuelo en la belleza del lenguaje y en la autenticidad de las experiencias representadas en la pantalla.

Este libro ha sido un viaje a través de esos momentos cinematográficos que se han grabado en nuestra memoria, y a menudo en nuestro corazón.

Al cerrar sus páginas, llevamos con nosotros las lecciones y los sentimientos que nos han dejado,

y quizás, también una mayor apreciación por el poder de la palabra bien dicha. En la vida real, como en el cine, cada uno de nosotros tiene frases que nos definen y nos inspiran. Que este compendio de frases de películas sirva como un recordatorio de que las historias que más nos tocan y las palabras que más nos afectan tienen el poder de guiar nuestras propias historias y moldes de nuestro ser.

Gracias por acompañarnos en este recorrido. Que las palabras aquí recogidas continúen iluminando tus días y enriqueciendo tu perspectiva, recordándote siempre que, al igual que en el cine, la belleza de la vida reside en los detalles y en los momentos compartidos.

ACERCA DEL AUTOR

Nacido en Ciudad Obregón Sonora, México. BRuno es un autor multifacético que se destaca como dibujante, poeta y escritor. Sus historias son como pinceladas de emoción y un viaje fascinante a través de la imaginación y la realidad entrelazadas. Con un estilo distintivo, BRuno invita a los lectores a sumergirse en sus creaciones y a descubrir nuevos horizontes de pensamiento y sentimiento.

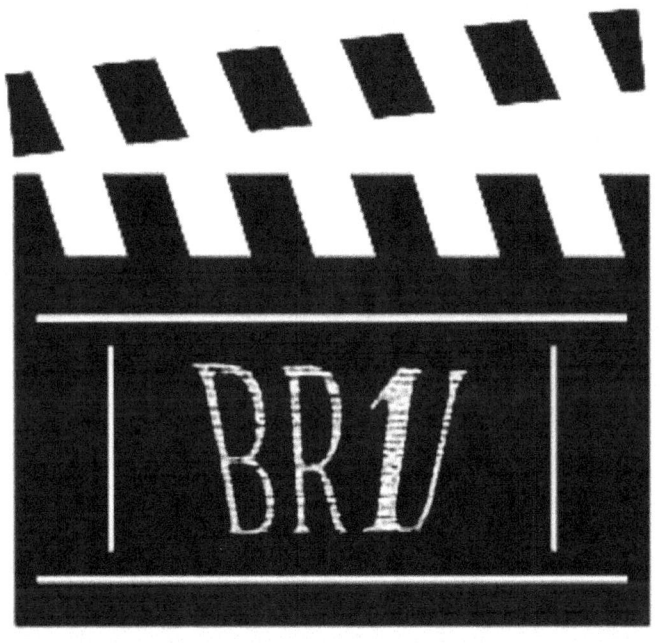

INDICE

Dedicatoria..1

Prólogo..3

Clásicos...5

80´s..29

90´s..53

2000´s..75

Epílogo..154

Acerca del Autor..156

OTROS TÍTULOS

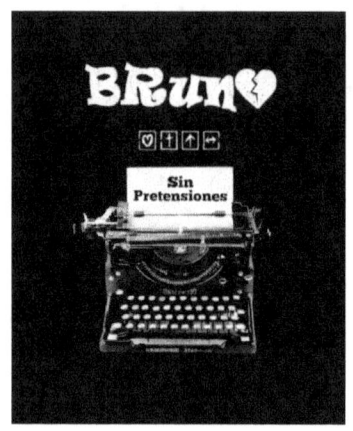

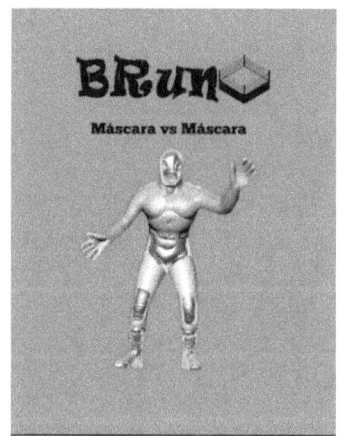

CONTACTO:

@br1official

www.facebook.com/br1official

produccionesbr1@gmail.com

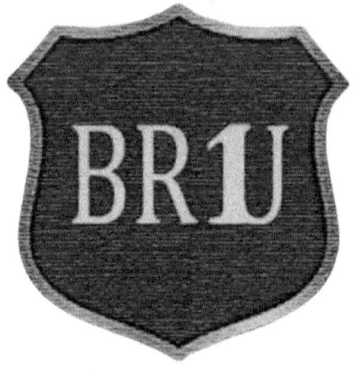

Copyright © 2024 Bruno Fernando López Ochoa.

Todos los derechos reservados.

Producciones BR1.